対人援助の現場で使える

言葉〈以外〉で伝える技術便利帖

大谷 佳子
（おおや・よしこ）

SHOEISHA

はじめに

　対人援助職を対象としたコミュニケーションの講座や研修では、「どのような言葉をかけたら援助の対象者に寄り添えるのかを学びたい」「相手の心に響く言葉かけができるようになりたい」などの声をよく耳にします。

　確かに言葉の選び方ひとつで、相手に喜んでもらえることもあれば、相手を不愉快な思いにさせてしまうこともありますが、私たちは言葉だけでメッセージを伝えているわけではありません。相手に喜んでもらえるはずの言葉を選んでも、そのときの援助職が無表情だったり、抑揚のない事務的な言い方だったりすると、その言葉だけが表面的に空々しく響いてしまうでしょう。逆に、気の利いた言葉が出てこなくても、そのときの援助職の表情やアイコンタクト、振る舞いが相手に伝えるメッセージはたくさんあるのです。援助職が、援助の対象者を観察して、言葉〈以外〉の手段が伝えるメッセージを受け取っているように、援助の対象者もまた、援助職の非言語から多くのメッセージを感じ取っています。

　援助の現場での経験から、非言語が伝えるメッセージの重要性を感じている援助職は多いでしょう。本書では、援助職の経験や感覚的な勘に頼りがちだった非言語の理解を、心理学の領域で研究されてきた多くの知見とともに整理しました。

　人と人とが直接的に向き合う援助の現場だからこそ、日々のコミュニケーションの実践に本書を活用していただけたら、これほど嬉しいことはありません。

2021年8月

大谷 佳子

こんなコミュニケーションになっていませんか？

援助の現場での、あなたのコミュニケーションをチェックしてみましょう。

Checklist 言葉〈以外〉で伝える力チェックリスト `ダウンロード対応`

- [ ] 1. ただ黙っているだけなのに、「怒っている？」と誤解されることがある。
- [ ] 2. 「疲れた顔をしている」とよく言われる。
- [ ] 3. 困った場面で、とっさに笑い顔になっている。
- [ ] 4. 座っている相手に、立ったまま話しかけることが多い。
- [ ] 5. 視線を合わせるのが苦手なので、自分の手元ばかり見ている。
- [ ] 6. 話を聴くときは、相手の目をしっかり見るようにしている。
- [ ] 7. 猫背の姿勢になりやすい。
- [ ] 8. 話を聴いているときに気づくと腕組みや脚組みをしている。
- [ ] 9. 椅子に座るときは、浅く腰かけ、背もたれを使う。
- [ ] 10. 会話中に、髪に触ったり、ペン回しをしたりする癖がある。
- [ ] 11. 慌ただしくドアを開け閉めしたり、大きな足音を立てて歩いたりしがちである。
- [ ] 12. 話すときの声のトーンはいつも低め。
- [ ] 13. 「話し方が事務的」と指摘されたことがある。
- [ ] 14. 「えっ？　何？」などと、相手から聞き返されることが多い。
- [ ] 15. 援助の現場では、誰に対しても大きな声で話すようにしている。
- [ ] 16. どちらかと言えば早口なほうだ。
- [ ] 17. 「言い方がキツい」「言葉にトゲがある」と言われたことがある。
- [ ] 18. 「はぁ〜」「ふぅ〜」というため息が多い。

言葉〈以外〉で伝える力チェックリスト 解説

いかがでしたか？
チェックリストの項目は、援助の現場に限らず、日常生活においても見られることが多いコミュニケーションの癖です。表情や目線・視線、姿勢、動作などの非言語、そして声のトーンや大きさ、言い方などの準言語における癖は、無意識のうちに、相手に意図しないメッセージを伝えています。

● 1に☑　2に☑　3に☑　⋯⋯⋯ p.54　相手に怖がられてしまう表情
　集中しているときや考え事をしているときなどは、自分の表情に無意識です。眉間にしわが寄っていたり、口元が「へ」の字の形になっていたりすると、「怒っている」あるいは、「疲れている」などの印象を与えがちです。不用意な笑顔は、誤解を招くこともあります。

● 4に☑　5に☑　6に☑　⋯⋯⋯ p.56　「威圧的」と相手が感じる目線・視線
　相手を見下ろす目線や、相手をじっと見る凝視は、威圧感や緊張感を与えてしまいます。その一方で、援助職が自分の手元ばかり見て、目を合わせようとしなかったり、視線をすぐにそらしたりすると、相手はかかわりを拒否されたと受け取るかもしれません。

● 7に☑　8に☑　9に☑　⋯⋯⋯ p.58　「壁をつくっている」と相手が感じる姿勢
　単なる癖であっても、背を丸めたり、腕や脚を組んだりする姿勢は、身体を閉じて相手を拒否している雰囲気をつくります。一方で、椅子に浅く腰かけ、背もたれを使って座ると、だらしない印象になり、礼儀正しさが感じられなくなるので注意が必要です。

● 10に☑　11に☑　⋯⋯⋯⋯ p.60　「落ち着かない」と相手が感じる動作
　援助職が自分の髪を触りながら、あるいは指でペンをくるくると回したりしながら話をすると、相手は話の内容に集中することができなくなるでしょう。テキパキと仕事をこなしているようでも、雑な動作では相手によい印象を与えません。

「癖だから仕方ない」と諦めずに、自分の癖が相手に与える影響を知っておくことが大切でしょう。☑がついた項目について、以下のページに詳しい説明があります。

低い声のトーンは落ち着いて話をするときに適していますが、いつもトーンが低いと消極的な印象を与えてしまいます。また、まるで文章を棒読みしているような単調なトーンでは、「事務的な話し方」に聞こえてしまうでしょう。

「えっ？　何？」などと聞き返されるときは、援助職の声が小さいか、あるいは滑舌（かつぜつ）が悪いことが原因と考えられます。その一方で、援助職の声がやたらと大きいと威圧的で強引な印象になり、相手や周囲に気遣いができない人と思われてしまうかもしれません。

早口で話すとテキパキと意欲的に行動している印象を与えますが、援助の対象者とのコミュニケーションでは、援助職の早口が相手を焦らせてしまうこともあります。

言葉自体にトゲはなくても、語尾（言葉の終わり）の音を強調した言い方をすると、きつい印象になりがちです。

「はぁ～」というため息が日頃の癖になっていると、知らず知らずのうちに、周囲をネガティブな気持ちにさせているかもしれません。

本書の活用方法

● 活用方法１：読みものとして、一通り読む

本書では、援助の現場ですぐに活用できる、非言語的コミュニケーションと準言語的コミュニケーションについて知ることができます。対人コミュニケーションに関連する心理学の知識や、近年注目されている心理学用語も紹介していますので、読みものとして初めから通して読んでも、興味・関心のある章から読んでもよいでしょう。

● 活用方法２：便利帖として、必要なときに参考にする

本書は必要なときに、必要なページを引いて参考にできるように工夫しています。

「これってどういう意味？」

各ページに付いている🔑キーワードから、知りたい単語を探してみましょう。

> 🔑 キーワード　自己充足的・道具的コミュニケーション、チャネル

「こういうときは、どうするの？」

第2章は、NGな非言語やNGな準言語が与えてしまいがちな印象が見出しになっています。第3〜4章は、「○○しよう」と具体的な行動が見出しになっています。目次から、知りたい非言語的・準言語的コミュニケーションを探してみましょう。

● 活用方法 3 ： 学習書として、今のあなたに必要な技術を学ぶ

本書の「こんなコミュニケーションになっていませんか？」にあるチェックリストを確認して、あなたのコミュニケーションの傾向や癖を振り返ってみましょう。第2章で、自分の癖が相手に与える影響について詳しく確認することができます。第3章と第4章で、今のあなたに必要な非言語・準言語の活用を読んで、援助の現場で実践してみましょう。

● 活用方法 4 ： 研修のネタ本として、職場内研修で活用する

本書には、ダウンロードできるチェックリストが付いています。職場の研修や勉強会において、日常のコミュニケーションを振り返ったり、接遇のポイントをチェックしたりする目的で活用することができます。チェックリストを実施した後は、本書で紹介しているワークに取り組んで、非言語と準言語の上手な活用を体験的に学ぶとよいでしょう。ワークの進め方（手順）もダウンロードできます。

準備

チェックリストをダウンロードして、研修や勉強会の参加人数分を用意します。本書から、実施するワークを選んでおきます。

研修

最初に、参加者にチェックリストに取り組んでもらうことで、自身の傾向や癖を振り返ります。

ワークを実施します。

※ワーク後に、非言語と準言語の上手な活用について、ペアで意見交換をしたりグループで話し合ったりするとよいでしょう。

チェックリストとワークのダウンロード方法

本書で紹介しているチェックリストとワークを「特典」として用意しています（ダウンロード対応と記載されたもののみ）。

SHOEISHA iD メンバー購入特典

ファイルは以下のサイトからダウンロードして入手いただけます。

https://www.shoeisha.co.jp/book/present/9784798171470

<注意>

※会員特典データのダウンロードには、SHOEISHA iD（翔泳社が運営する無料の会員制度）への会員登録が必要です。詳しくは、Webサイトをご覧ください。

※会員特典データに関する権利は著者および株式会社翔泳社が所有しています。許可なく配布したり、Webサイトに転載したりすることはできません。

※会員特典データの提供は予告なく終了することがあります。あらかじめご了承ください。

ファイルにはPDF形式のシートをご用意しています。必要に応じて出力し、ご利用ください。見出しの横に ダウンロード対応 マークがあれば、そのシートをダウンロードできます。

CONTENTS

第2章 こんなコミュニケーションでは上手くいかない

第3章 非言語を上手に活用しよう

第4章 準言語を上手に活用しよう

言葉だけが
コミュニケーションではない

「コミュニケーション上手になりたい」と思う援助職は多いでしょう。
対人援助の現場では、援助の対象者との人間関係を基盤として、
適切な援助業務を行うことが求められます。
援助の対象者と良好な関係を築くためには、日々のコミュニケーションが不可欠です。
しかし、「上手に声かけができない」「心に響くような言葉かけが難しい」など、
言葉によるコミュニケーションに苦手意識を持っている援助職も少なくないようです。
援助の現場において、声かけや言葉でのやりとりだけがコミュニケーションではありません。
援助職の微笑みや温かいまなざしが相手に安心感を与えたり、
そっと触れた手がいたわりの気持ちを伝えたり……と、
援助職と援助の対象者との間で行われる、
さまざまなかかわり合いのすべてがコミュニケーションなのです。

この章のポイント

コミュニケーション
の手段

非言語の働き

非言語を上手に
受信・発信

準言語の働き

準言語を上手に
受信・発信

対人援助職のコミュニケーション①

対人コミュニケーション とは

双方向のコミュニケーション

　私たちは日々、人とコミュニケーションをとりながら、多くの情報をやりとりしています。援助の対象者と援助職との間で、あるいは援助職同士で行われる個人間のコミュニケーションのことを、心理学では対人コミュニケーション（interpersonal-communication）と呼びます。

　対人コミュニケーションには4つの本質的な特徴があります。その1つが、双方向性です。つまり、どちらか一方が単に声をかけたり、語りかけたりして情報を伝達するだけでなく、双方が送り手と受け手の役割を交替しながら情報を共有している状態と言えるでしょう。

2種類の対人コミュニケーション

　対人コミュニケーションは、その動機から2種類に分けることができます。

　1つは、コミュニケーションをすること自体が目的となる**自己充足的コミュニケーション**です。自分を満足させたり、緊張や欲求不満を解消したりするためのコミュニケーションとして、欲求充足的コミュニケーションとも呼ばれています。

　もう1つは、目標達成のための手段となる**道具的コミュニケーション**です。私たちは、相手に何かを求めたり相手を説得したりするときに、その目的を達成するための道具としてコミュニケーションを利用します。私たちの日常生活や援助の現場におけるコミュニケーションは、ほとんどが道具的コミュニケーションと言えるでしょう。

　この2種類のコミュニケーションは、その行為に目的があるか否かで区別されます。例えば、自分の感情を表出しただけの自然発生的な笑いは、自己充足的コミュニケーションですが、同じ笑うという行為でも、社交辞令の微笑みは道具的コミュニケーションになります。なぜなら、社交辞令の微笑みには、相手との良好な関係を維持しようとする目的があるからです。

対人コミュニケーションの4つの特徴

1　個人間で交わされること ………二者間のコミュニケーションを基本とする

2　双方向的過程であること ………送り手の役割と受け手の役割が交替しながら進行する

3　対面性があること ………………対面状況でのコミュニケーションを基本とする

4　心理的関係の存在があること …当事者間に何らかの心理的関係が存在している

> コミュニケーションは、大きさの側面から、個人内コミュニケーション（独り言のような、その人の頭のなかで行われるやりとり）、対人コミュニケーション（1対1でのやりとり）、集団内コミュニケーション（複数でのやりとり）などに分類されます。

対人コミュニケーションの種類

＜自己充足的コミュニケーション＞

- 感情を表出する（泣く、怒る、笑う）
- 気持ちや考えを伝える
- 挨拶する
- 雑談する

など

＜道具的コミュニケーション＞

- 相談する ● 依頼する
- 説得する ● 助言する
- 指示する ● 命令する
- 報告する ● 連絡する

など

> 単なる挨拶や雑談は自己充足的コミュニケーションですが、例えば、自分の存在を知ってもらう目的があって挨拶したり、相手をリラックスさせようとする意図があって雑談したりするのは、道具的コミュニケーションになります。

対人コミュニケーションの仕組み

対人コミュニケーションは、「送り手」「メッセージ」「チャネル」「受け手」の4つの要素から成立しています。

例えば、援助職が「共にありたい」という想いを援助の対象者に伝えたいとき、援助職が送り手、援助の対象者が受け手となります。援助職の想いは、メッセージに変換しなければ相手に伝えることはできません。「一緒に頑張っていきましょう」などの言葉に変換して伝えるほかにも、相手の目を見て大きくうなずくなどの言語以外の表現に変換することもあるでしょう。このようなメッセージの表現方法（経路）のことを**チャネル**と呼びます。

対人コミュニケーションにおいては、援助職がいつも送り手であるとは限らず、援助の対象者が常に受け手になるわけではありません。対人コミュニケーションの特徴の1つが双方向性であることから、援助職は送り手であると同時に受け手としての役割も求められているのです。

言語チャネルと非言語チャネル

対人コミュニケーションのチャネルは、発言の内容や意味を含む**言語チャネル**と、表情や視線などの身体動作に代表される言語以外の**非言語チャネル**に大きく分けて整理することができます。

対面でのコミュニケーションでは、言語チャネルと非言語チャネルを同時に使ってメッセージのやりとりをしていますが、多くの心理学的な研究から非言語チャネルが伝達する情報やそこから得られる情報は、言語チャネルが伝達する情報よりも多く、また高い影響力を持つことがわかっています。

一般に、コミュニケーションの形態はチャネルの違いに応じて分類されるため、言語チャネルで記号化・解読が行われることを**言語的コミュニケーション**（verbal communication）と呼び、非言語チャネルで記号化・解読が行われることを**非言語的コミュニケーション**（nonverbal communication）と言います。

対人コミュニケーションの仕組み

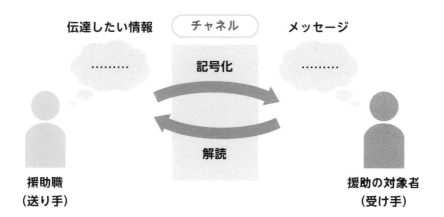

送り手(source)	会話では、話し手のこと
受け手(receiver)	会話では、聴き手のこと
メッセージ(message)	送り手の伝達したい情報が言葉や文章、表情などに変換されたもの
チャネル(channel)	メッセージを記号化する経路のこと
記号化(encoding)	送り手が伝達したい情報をメッセージに変換して伝えること
解読(decoding)	受け手が、送り手のメッセージの意味を解釈すること

送り手の伝達したい情報と、受け手の解読した情報がいつも一致するとは限りません。送り手が伝えたい情報を適切に記号化し、それを受け手が正しく解読することによって、そのメッセージははじめて意味を持ちます。

対人援助職のコミュニケーション②

援助の現場での
コミュニケーション

援助の現場に必要なコミュニケーション

　援助の現場におけるコミュニケーションの重要性は、あらためて説明するまでもないでしょう。効果的な援助サービスを提供するためには、援助の対象者から正確な情報を得ること、そして正確な情報を伝えることが求められます。同時に、援助の対象者と良好な援助関係を形成するためのコミュニケーションも必要です。

　援助の対象者にとって、援助職との良好な関係は直面している問題と向き合うための基盤になります。「この人は信頼できる」と思うことができなければ、自分自身のことや、直面している問題について、安心して話をすることはできないでしょう。

　関係を形成するためのコミュニケーションでは、必要な情報を相互に伝達し合うだけでなく、相手の考えや気持ちにも耳を傾けて、その人をありのままに理解し受け入れることが大切です。相手への理解を深めることで、その理解に基づいた情緒的なサポートと、その人らしさを大切にした援助が可能になるでしょう。

一方的な記号化では上手くいかない

　このように援助の現場では、援助的な目的を達成するための道具的コミュニケーションが行われています。相手に正確にメッセージを届けるためには、コミュニケーションのプロセスにおいて、適切な記号化を心がけましょう。対人コミュニケーションは、送り手が記号化したメッセージを、受け手が正しく解読することで成立します。自分の想いや考えがあっても、それを適切な方法で表現しなければ、相手には正確に伝わらないのです。

　例えば、援助職が「共にありたい」という想いを伝えたくて援助の対象者の目をじっと見つめ続けても、相手はなぜ凝視されているのかがわからず、緊張して萎縮してしまうかもしれません。このように、送り手の想いと受け手の解釈が一致しない原因の1つが不適

切な記号化です。援助職が一方的に記号化をするだけでは、ディスコミュニケーションを招きかねません。

　ディスコミュニケーション（dis-communication）とは、対人コミュニケーションの不全状態のことを表現した和製英語です。一般的に、意思伝達ができないことを意味します。援助職の想いや考えをただ表現するだけでは自己充足的コミュニケーションになってしまい、情報の共有も、援助関係の形成も難しくなるのです。

ディスコミュニケーションが起こる原因

原因1　送り手の記号化が不適切

送り手が、伝えたかった情報を適切に表現できず、相手に伝わらない

> 例　援助職が親しみを伝えようとして援助の対象者をじっと見つめたところ、相手は緊張して萎縮してしまった

原因2　受け手の解読の誤り

受け手が、記号化されたメッセージを正しく解読できず、相手に伝わらない

> 例　援助職が親しみを伝えようとして援助の対象者に笑顔を向けたところ、相手は「ヘラヘラしている」と勘違いしてしまった

> そのほかにも、受け手が、送り手に対して否定的な感情をいだいていると、メッセージが正しく解釈されないこともあります。

コミュニケーションの手段①

コミュニケーションで得られる3つの情報

対面だからこそ得られる情報

　援助の現場では、相手と直接的に会い、顔を合わせて行う対面でのコミュニケーションを中心に、手紙や電話、メール、テレビ電話などを活用したやりとりも頻繁に行われるようになりました。私たちは多様な手段でコミュニケーションをとることができますが、得られる情報の種類やコミュニケーション特性は交信手段によってそれぞれ異なります。

　対面でのコミュニケーションでは、**言語情報**だけでなく、同時に**視覚情報**や**聴覚情報**も得られることが大きな特徴と言えるでしょう。例えば、目の前にいる相手の感情を把握したいと思ったとき、「今、どのようなお気持ちですか？」などと直接的に尋ねることで、相手から言語情報を得ることができます。対面では、リアルタイムでの双方向のやりとりが可能だからです。言葉を使ってやりとりしなくても、相手の顔や身体の動きを観察して得た視覚情報や、相手の声から得られる聴覚情報によって間接的に相手の感情を推察することもできるでしょう。

非言語による伝達が65％

　言語情報は、手紙やメールでのコミュニケーションによっても得ることができます。書き言葉を使用することで「情報が正確に伝わる」「記録に残る」などのメリットもありますが、対面でのコミュニケーションのように相手の表情や身振り、声の調子などから情報を得ることはできません。

　バードウィステル（Birdwhistell, R. L.）が行った社会心理学の研究によると、人間のコミュニケーションの65％は、言葉以外の非言語による伝達であることが報告されています。手紙やメールで得られる言語情報は、全体の35％程度に過ぎません。電話の場合には、言語情報だけでなく、話し言葉に伴う語調から聴覚情報を得ることは可能ですが、

視覚情報はテレビ電話でなければ得ることはできないのです。ただし、交信手段を利用した場合、相手と空間を共有することはできません。そのため、テレビ電話であっても、その場の雰囲気を感じとったり、五感を駆使して感覚的に理解したりすることは難しいのです。

対面でのコミュニケーションで得られる3つの情報

言語情報
言葉で伝わる情報

視覚情報
目に映る情報

聴覚情報
耳に届く情報

得られる情報の種類とコミュニケーション特性

	得られる情報	空間の共有	双方向性
**対面での
コミュニケーション**	言語・視覚・聴覚	○	○
**手紙・e-mailでの
コミュニケーション**	言語・視覚
（筆跡、顔文字、記号
など）	×	×
**電話での
コミュニケーション**	言語・聴覚	×	○
**テレビ電話での
コミュニケーション**	言語・視覚・聴覚	×	○

言語情報、視覚情報、聴覚情報

コミュニケーションの手段②

意思伝達のための言語情報

人間に固有な意思伝達手段

　言語を媒体とするコミュニケーション、あるいは言語を主たる伝達手段とするコミュニケーションのことを**言語的コミュニケーション**と呼びます。言語は、人間に固有な意思伝達の手段であり、音声、文字、手指運動などによって表現される記号体系と考えられています。

　私たちの会話は、基本的に言語によって行われています。対面でのコミュニケーションや電話では音声で言葉を発してやりとりし、手紙やメールではメッセージを文字で表わして伝達します。このように、言語的コミュニケーションは音声によってメッセージを伝える**話し言葉（音声言語）**と、音声を用いない**書き言葉（文字言語）**や**手話**に分けることができるのです。

言語情報だって重要

　第1章のタイトルは「言葉だけがコミュニケーションではない」ですが、このタイトルはけっして言語情報の重要性を否定しているわけではありません。

　援助の対象者から必要な情報を得たり、援助職から援助に関する情報を提供したりするときには、やはり言語によるコミュニケーションが適しています。例えば、援助の対象者に何かについて説明をしたり、客観的な事実を伝えたりするときなどは、言葉で情報を伝達することが必要でしょう。

　言語的コミュニケーションは、多くの場合、意図的に、そして意識的に行われるため、事前に伝える内容を整理したり、わかりやすい用語を選択したりするなどの準備が可能です。ただし、話し言葉による伝達は記録として残らないため、伝えた内容が正確に相手に伝わっていないこともあります。その一方で、書き言葉による伝達の場合、文字で表わし

た内容は反復して参照することができるため、日常的な業務において情報を正確に共有するための記録や報告書が活用されているのです。

言語的コミュニケーション

- 音声を用いて言語メッセージを伝える「話し言葉」
- 音声を用いないで言語メッセージを伝える「書き言葉」「手話」

対面や電話、テレビ電話では話し言葉を使ってやりとりすることになります。より正確に情報を相手に伝えるためには、書き言葉によるメモや記録を併用するとよいでしょう。

COLUMN

手話は言語? それとも非言語?

　手話は身振り手振りでメッセージをやりとりするため、非言語的コミュニケーションと思われがちですが、実は音声を用いない言語的コミュニケーションです。メッセージを伝えるときの動きの速さや強さが準言語、その動きに伴う表情などが非言語になります。

　手話には1つの動作で複数の意味を示す場合があり、それを判別するのは文脈や口型、そして表情などの非言語です。例えば、両腕と身体を縮こまらせて、両手の拳を上に向けて左右に震わせる動作には、「冬」や「寒い」「冷たい」などの意味があります。動作は同じですが、そのときに顔をしかめると「寒い」と判断することができるのです。

「冬」を
表わす手話

同じ動作で
顔をしかめると
「寒い」になる

コミュニケーションの手段③

感情の伝達と理解のための非言語情報

言葉に頼らない伝達手段

　言語は円滑な意思疎通を実現するために欠かせない伝達手段ですが、感情の理解と伝達においては表情や動作、声の調子など言葉以外の要素が大きな役割を担っていることがわかってきました。言葉以外の伝達手段を使って、メッセージを発信したり、受信したりすることを**非言語的コミュニケーション**と言います。私たちはコミュニケーションの手段として言葉に頼りがちですが、相手の気持ちに寄り添ったり、援助職の想いを伝えたりするときには非言語の力が必要と言えるでしょう。

　非言語も、言語と同様にそのメッセージが音声的なものと、音声的でないものに分けて考えることができます。音声的なものは、話し言葉に伴う語調です。声のトーンや大きさ、話す速度などを準言語、あるいは周辺言語（パラ言語）と呼びます。音声的でないものは、ジェスチャーをはじめとする動作行動、身体的特徴、接触行動、距離や位置を指す空間行動のほか、人工物の使用や物理的環境なども含まれます。

非言語は単独でも活躍

　対面でのコミュニケーションでは言語要素と非言語要素の両方が重要ですが、ときに非言語は単独でメッセージを伝達することもあります。言葉でのやりとりがなくても目配せをして合図したり、表情でそのときの感情を表わしたりと、私たちは日常生活のなかで頻繁に非言語を活用しています。

　援助の現場では、言語機能に障害のある人や意思表現の難しい人とのメッセージをやりとりするときに、表情、目や手の動き、身振りなどの非言語的コミュニケーションが欠かせません。意図的に非言語を活用することで、援助職は言葉以外のメッセージの伝達手段を持つことができるでしょう。

その一方で、無意図的に、そして無意識的に行われるのも非言語の特徴です。意識的に行われる言語的コミュニケーションと違って、自分の表情や視線、姿勢などに表われているメッセージに、自分自身が気づいていないこともあるのです。

非言語的コミュニケーションの同義語

- ボディランゲージ（身体言語）
- ノンバーバル・コミュニケーション
- 非言語行動
- サイン言語　など

非言語の分類

分類	非言語
準言語（周辺言語）	語調（声のトーンや大きさ、話す速度、抑揚など）、声の質、ため息など
動作行動	顔の表情、目の動き、身体・手足の動き、ジェスチャーなど
身体的特徴	身体の形態、体格・体型、頭髪、皮膚の色、体臭など
接触行動	握手、タッチング、なでる、抱き合うなど
空間行動	距離・位置、空間など
人工物の使用	身体にまとっている衣服、メガネ、化粧、香水など
物理的環境	室内装飾、照明、色、音楽、温度・湿度など

準言語は、非言語に含まれる場合が多いのですが、本書では準言語と非言語に分けて紹介しています。

非言語の働き①

非言語は
第一印象を決める

55：38：7の法則

　非言語情報は、人に対する印象を形成するときにも大きな影響力を持っています。

　印象形成とは、限られた情報を手がかりとして、その人物の全体的なパーソナリティを推定することです。断片的な情報を統合して全体的イメージを形成し、相手の人物の好ましさなどに関した一般的な評価や判断がなされることを意味します。

　アメリカの心理学者メラビアン（Mehrabian, A.）は、対人場面において相手に与える影響は視覚情報が55％、聴覚情報が38％、そして、言語情報が7％という法則を見出しました。視覚情報と聴覚情報を合わせると、非言語が93％を占めています。つまり、**メラビアンの法則**によれば、相手に対する印象は話す内容にかかわらず、表情やしぐさ、話し方などの非言語によって9割が決まるのです。

観察可能な情報から性格を推定する

　援助職とはじめて会ったとき、援助の対象者はまず目と耳から情報を得ます。視覚情報（笑顔、テキパキした動作など）と聴覚情報（早口、よく通る声など）を得るのに時間はそれほど必要ありません。援助の対象者は、目や耳から得た情報を自分の経験や知識に基づいて判断した結果、援助職に対する第一印象を形成します。**第一印象**は、出会って最初の数秒で決まると言われており、このことからも非言語が印象形成に重要な役割を果たしていることがわかるでしょう。

　援助の対象者は、援助職の性格を直接的に観察できるわけではありません。観察できるのは、援助職の表情や動作、声の調子などです。これらの情報に基づいて、援助職の性格特徴（優しい人、暗い人など）や、知的特徴（機転の利く人、思慮深い人など）、意欲的特徴（積極的な人、消極的な人など）を推定するのです。

第一印象が形成されるプロセス

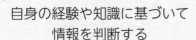 目や耳から非言語情報を得る　「笑顔が多い」「声のトーンが高い」

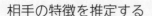 自身の経験や知識に基づいて
情報を判断する　「笑顔が多いということは陽気なのかな？」
「声のトーンが高いから元気なのかな？」

相手の特徴を推定する　「陽気で、元気ということは……
あの人は『明るい性格の人』だ！」

 COLUMN
ネガティビティ・バイアス

　印象形成においては、ポジティブな情報よりも、ネガティブな情報のほうが大きな影響力を持つことが明らかになってきました。

　例えば、「親身になって私の話を聴いてくれたけど、会話中の腕組みが気になってしまった」などと、相手に対するネガティブな印象が強く頭に残ってしまうことがあります。このような心理現象を**ネガティビティ・バイアス**と言います。

　私たちの脳はポジティブな情報よりも、ネガティブな情報を敏感に察知して、それを強く記憶に残す働きを持っているのです。この機能は、もとは人類が災害や事故などの危険から身を守る役割を果たしてきました。自分の身に危険が及ぶようなものに特に敏感になり、それらを記憶に長く留めて回避できるように脳が発達したと考えられています。

　ネガティビティ・バイアスは、他者の印象形成をはじめ、自己の性格評価、意思決定などさまざまな情報処理の過程で起きることが実験で確認されています。

非言語の働き②

非言語は親密さを表現する

好意を示す非言語的コミュニケーション

　非言語的コミュニケーションには、相手に応じたレベルの親密さが反映されます。

　私たちは好意を抱いている相手に対して、笑顔を向けたり視線を合わせようとしたり、あるいはその人の近くに座ったりするなどの行動が増加します。逆に、好意レベルが低い相手に対してはこのような行動の頻度が減るだけでなく、その人から離れよう、かかわりを持たないようにしようとすることもあるでしょう。

　好意や親しみ、関心などのメッセージを**接近のメッセージ**と言い、それとは正反対な嫌悪、拒否、無関心などのメッセージを**回避のメッセージ**と呼ぶことがあります。これらのメッセージが記号化されるとき、言語チャネルを通せば発言内容に反映され、非言語チャネルを通せば表情や視線、相手との距離などに表現されることになります。発言には「言葉で伝えよう」という意識が伴いますが、非言語には無自覚なままメッセージが表現されていることが多いのです。

コミュニケーションを促進する接近性

　メラビアンは、「接近性と好意は、一枚のコインの裏表のようなものである。つまり、好意は接近性を促進し、接近性は好意を引き起こすのである」と言っています。

　接近性とは、二者間において認識された物理的あるいは心理的な親密性のことです。相手に好意を持つことで、その人に接近しようとする非言語表現や行動が促進されると同時に、接近するからこそ好意を引き起こして人と人とのコミュニケーションを促進させるのです。

　その一方で、相手を回避しようとする非言語表現や行動は、コミュニケーションを抑制してしまいます。回避のメッセージが非言語チャネルを通して記号化され、無意識のうちに相手に伝わってしまうと、その人との親密な関係は構築できません。

非言語に表われる接近のメッセージと回避のメッセージ

	接近のメッセージ	回避のメッセージ
表情	相手に笑顔を向ける	無表情
視線	視線を合わせる 相手のほうを見る	視線をそらす 相手のほうを見ない
姿勢	身体を相手に向ける	身体を背ける
動作	相手の話にうなずく	相手の話にうなずかない
距離	相手に近づく	相手から離れる
準言語	高い声のトーン 明るい印象の声	低い声のトーン 暗い印象の声

COLUMN つま先の方向に表われる好意

　接近あるいは回避のメッセージは、つま先の方向にも表われることがあります。
　立ったまま対面で会話している場面では、通常、相手はあなたのほうに身体を向けているでしょう。身体と同様に、相手のつま先も当然あなたのほうに向いていると思いがちですが、身体とつま先の方向がいつも同じとは限りません。
　相手のつま先があなたのほうに向いていれば「もっと話をしていたい」という接近のメッセージと考えられます。その一方で、違う方向に向いているときには「立ち話が長くなったので、もう終わりにしたい」という回避のメッセージの可能性もあります。

非言語の働き③

非言語は
言葉を支える

▌非言語の2つの機能

　発話に伴う非言語には、2つの機能があると考えられています。

　1つは、話し手の発話を促進させる**自己指向的機能**です。例えば、「薔薇」のような複雑な漢字や幾何学的な図形などを口頭で伝えるとき、自然と自分の指や手を動かしながら説明していることがあります。言葉で上手く表現することができないときに、ジェスチャーのような非言語を活用することで、発話が促進されることがわかってきました。このような現象は、電話での会話のように、相手が目の前にいないときでも見られることから、話し手自身に向けられた非言語の機能と考えられています。

　もう1つは、聴き手の理解を助ける**他者指向的機能**です。非言語の活用は、話の内容や言葉の意味を、相手にわかりやすく解釈させることにも役立ちます。

　非言語は、発話の促進や発話内容のわかりやすさに役立っており、対人コミュニケーションにおいて重要な役割を果たしていると言えるでしょう。

▌補完・強調・反復で言葉を支える

　対人コミュニケーションでは、言語的コミュニケーションと非言語的コミュニケーションは相互に影響し合っています。ナップとホール（Knapp, M.L. & Hall, J.A.）は言語メッセージに関連した非言語の働きを補完、強調、反復、矛盾、調節、置換の6つに整理しています。

　このなかで**補完、強調、反復**は、言語を支える働きと言えるでしょう。言語メッセージの意味を非言語が補完したり強調したり、繰り返したりすることで、内容がより伝わりやすくなり、伝えたいことが相手に印象づけられるのです。これらの3つの機能は、それぞれが独立して働くときもあれば、同時に働いて言語メッセージを支えることもあります。

補完・強調・反復

補完（complementing）

非言語メッセージが言語メッセージの意味を強化、明確化、詳細化、説明する働き

例 援助職が共感の言葉をかけるときに、援助の対象者の肩や背中にそっと手を添える

例 「ありがとう」の言葉を伝えるときに、相手に笑顔を向ける

言語メッセージ 非言語メッセージ

強調（accenting）

非言語メッセージが言語メッセージを強調、誇張、力説、目立たせる働き

例 大切なことを伝えるときに、声を大きくする

言語メッセージ 非言語メッセージ

反復（repeating）

非言語メッセージが言語メッセージを繰り返す、あるいは言い直す働き

例 「お伝えしたことが3点あります」と言って、指を3本立てて見せる

例 「その角を右に曲がったところです」と伝えて、手を右に曲げて見せる

言語メッセージ 非言語メッセージ

非言語の働き④

非言語は本音を伝える

言語と非言語が矛盾している場合

　ナップとホールは、矛盾という非言語の働きも挙げています。**矛盾**とは、非言語メッセージが、言語メッセージと異なる内容を伝えることを意味します。

　相手から発信される言語メッセージと非言語メッセージが一致しないと、私たちは混乱してしまうでしょう。例えば、「ありがとうございます」と言った相手の表情が曇っている場合、言語が伝えるメッセージと非言語が伝えるメッセージが一致していません。これを**ダブルバインド（二重拘束）メッセージ**と呼びます。

　援助の対象者からダブルバインドメッセージが発信されると、援助職はどのように解釈してよいかがわからなくなるでしょう。「言葉では感謝の気持ちを伝えていても、本心は違うのかもしれない」などと、言葉を額面通りに受け取ることができなくなります。なぜなら、言語は意図的・意識的に操作することが可能なメッセージの伝達手段であるのに対して、非言語は無意図的・無意識的にメッセージを伝えてしまうことを私たちは経験的に知っているからです。その結果、言語表現と非言語表現が矛盾している場合、非言語が伝えるメッセージを本音と捉える傾向があるのです。

非言語は本当の気持ちを理解する手がかり

　援助の対象者は、不安や遠慮などの気持ちから本音が言えず、コミュニケーションが二重構造になりがちです。援助職から質問されたことに建前で答えてしまい、本音を率直に言えない、あるいは言わない人もいるのです。

「その後はいかがですか？」という援助職からの質問に対して、「おかげさまで、大丈夫です」などの言葉が返ってくることがあります。言語メッセージのみを受けとめて、「そうですか、それはよかったです」などと伝えてしまいがちですが、言語と非言語に矛盾が

ないかを注意深く観察してみましょう。「おかげさまで、大丈夫です」という言葉は、額面通りの意味ではなく、援助職に対する遠慮や気遣いの表現なのかもしれません。

矛盾

矛盾（contradicting）

非言語メッセージが、言語メッセージと異なる内容を伝える働き

例　「ありがとうございます」と伝えたときの表情が曇っている

　　「気にしないでください」と言いながら、ため息をつく

　　「すみませんでした」と謝罪するときに、語気を強める

矛盾・対立

言語メッセージ　➡◀　非言語メッセージ

ダブルバインド（二重拘束）メッセージが生じる理由

- 心のなかに相反する2つの感情<アンビバレントp.47>がある
- 人間関係を維持するために、本心は違っていても、言葉で肯定的なメッセージを伝える
- 不安や遠慮によって言えない本音が、非言語に表われる

> 二重拘束メッセージでは、言語チャネルから肯定的・受容的・協力的なメッセージが伝達される一方で、非言語チャネルからは否定的・拒否的・防衛的なメッセージが伝達されることがほとんどです。

非言語の働き⑤
非言語はコミュニケーションを調整する

会話を成立・促進させる非言語

　ナップとホールによると、非言語には、言語メッセージの流れを**調節**する働きもあります。会話中に、「次は自分が発言したい」という合図を出したり、相手の話を促したりしてコミュニケーションを調節する非言語のことを調整的動作（p.116）と呼びます。具体的には、姿勢を変えたり、咳払いをして発言の交替を求めたり、うなずくことで相手の話を促したりして会話の展開を調整しているのです。

　援助の対象者との会話では、つい話の内容ばかりが気になってしまい、そのときの相手の非言語メッセージを見過ごしてしまいがちです。言葉が伝える話の内容を正確に理解することも必要ですが、相手の非言語からは言語化されていないメッセージを知ることができます。会話中は、相手の手の動きや姿勢、声の調子などにも注意を向けてみましょう。相手の調整的動作を見逃さなければ、会話の途中に変な間が空いてしまったり、相手の発言中に割り込んでしまったりすることは防げるはずです。

動作によるコミュニケーション

　ナップとホールは、非言語メッセージが、言語メッセージの代わりをする働きを**置換**と呼んでいます。例えば、「こちらへどうぞ」という言葉の代わりに手招きをして、ジェスチャーのみでコミュニケーションをとることがあります。

　通常は、言葉を発しても相手に声が届かないと予想される状況において、非言語が言語メッセージの代用をしますが、援助の現場では、置換は日常的な非言語の働きの1つでしょう。援助の対象者のなかには、言語によるメッセージのやりとりが難しい状態の人もいます。指でほしいものを指し示してもらったり、ジェスチャーを活用して情報を伝えたりするなど、非言語的コミュニケーションは援助の現場で重要な意味を持っているのです。

調節・置換

調節 （regulating）

非言語メッセージが、言語メッセージの流れを調整、管理する働き

例 自分がまだ話し終わっていないことを表わすために、声を大きくする

相手が話す順番になったことを示すときに、相手に視線を向ける

言語メッセージ 調節　非言語メッセージ

置換 （substituting）

非言語メッセージが、言語メッセージの代わりをする働き

例 「さようなら」の言葉の代わりに手を振る

「こちらへどうぞ」の言葉の代わりに、手招きをする

非言語メッセージ　　　言語メッセージ

調節と置換は、言語的コミュニケーションとは独立した
非言語の働きです。

非言語を上手に受信する①

些細な変化に敏感になろう

▎記録・傾聴・観察から相手を理解する

　援助の対象者を理解するためには、記録や書類から得られる客観的な情報だけでなく、傾聴することで得られる主観的な情報、そして、観察から得られる情報も欠かせません。

　通常、援助の対象者は、言語チャネルを通して、援助職に自分の考えや想いを伝えます。しかし、自分のことや自分が直面している問題について話すことを躊躇してしまい、多くを語ってくれない人や意図的に言葉を選んで建前のメッセージを伝える人もいるでしょう。

　援助の対象者との会話場面では、その人が語る言語情報に耳を傾けるとともに、顔の表情を中心に、目や手の動き、対面しているときの姿勢、座り方、声の調子などにも注意を向けてみましょう。援助の対象者が、無意識のうちに非言語チャネルを通して、自分の意思を伝えていることがあります。意図しないメッセージだからこそ、観察から得た情報には、その人の本音や潜在的なニーズなどを知る手がかりが含まれている可能性もあるのです。

▎援助職に求められるのは観察力と感受性

　援助職には、観察力とともに相手の些細な変化に敏感になる**非言語的感受性（ノンバーバル感受性）**が求められます。感受性の高い援助職は、相手の非言語が示すサインに直感的に気づくことができるからです。

　ただし、相手の非言語が伝えるメッセージをどのように解釈するのかは、援助職によって異なるでしょう。腕組みをしている相手の姿勢から、「壁をつくって、かかわりを拒否している」と捉える援助職もいれば、「緊張して、自分を守ろうとしている」と思う人もいるかもしれません。非言語メッセージをどのように解読するのかは、1人ひとりのこれまでの経験に大きく影響を受けます。援助職にとって観察から得られる情報は重要ですが、

そのメッセージを解釈するときには心理学的な知識も参考にして、自身の経験のみに依存しないようにしましょう。

援助の対象者を理解するための情報

記録から 得られる情報	記録や書類を読むことで得られる客観的な情報 年齢、出身地、家族構成、既往歴、現病歴などの個人情報や、生活環境全般に関する情報
傾聴から 得られる情報	相手から直接話を聴くことで得られる主観的な情報 本人に語ってもらわなければ知ることができない情報
観察から 得られる情報	相手に直接会って、観ることで得られる非言語的な情報

感受性を高めるためのポイント

- **日頃から援助の対象者を観察して、いつものその人を知っておく**

  「いつもは笑顔が多い人なのに、今日は表情が暗い」「いつもは大きな声で話すのに、今日は声が弱々しい」などと、日頃のその人を知っているからこそ、わずかな変化にも気づくことが可能になります。

- **言語表現と非言語表現が一致しているかを、意識して確認する**

  援助の対象者が話している内容と、そのときの相手の表情や身振り、声の調子などの非言語が矛盾しているときは、意図的に操作が難しい非言語が伝えるメッセージに注意を向けてみましょう。

非言語的感受性を高めるトレーニングとして、p.39【Work:観察ゲーム】にもチャレンジしてみましょう！

非言語的感受性（ノンバーバル感受性）

非言語を上手に受信する②

感受性を高めて、援助の質を高めよう

場の空気を読むセルフ・モニタリング

　非言語的感受性が高いと、その場の空気が読めるようになり、状況に応じた適切な対応ができるようになります。「場の空気を読む」とは、その場の雰囲気を察することですが、その結果、そのときに適切とされる行動をとることを意味する言葉です。

　対人コミュニケーションにおいては、その場で自分が何をするべきか（あるいは、何をするべきではないか）や、相手が何を求めているのか（あるいは、何をしてほしくないのか）が判断できないと、的外れな発言をしてしまったり、相手が望んでいない対応をしてしまったりすることもあるでしょう。

　場の空気が読める人は、心理学ではセルフ・モニタリングが高いと考えられています。**セルフ・モニタリング**とは、相手の気持ちを察することができる感受性と、その場に合わせた適切な行動がとれる変容性のことです。非言語的手がかりから、相手の気持ちを察することができなければ、その場の空気を読むことはできないでしょう。

共感力を高める情動的コンピテンス

　非言語的な手がかりから相手の感情を理解する能力は、情動的コンピテンスを高めるためにも欠かせません。**情動的コンピテンス**とは**情動知性**とも呼ばれ、自己と他者の感情を適切に理解して調整する能力のことです。具体的には、自身の情動に気づきその意味を受け取り調整する力、他者の情動に気づき共感的に理解しかかわる力、自他の間で情動のコミュニケーションを適切に展開する力と言われています。

　援助職の専門性とも言える共感力は、情動的コンピテンスによって高められます。援助の対象者と深くかかわり、その人の感情に寄り添うためには、非言語的手がかりへの感受性と、その手がかりからメッセージを読み取る力を身につけることが重要です。

Work 観察ゲーム
ワーク

ダウンロード対応

非言語的感受性を高めるためのトレーニングです。
コミュニケーションの学習前に、アイスブレイクとして実施してみましょう。

1. 3人一組になってAさん、Bさん、Cさんを決めてください。

2. Aさんは、Bさんの全身を観察してください。

3. 一通り観察できたらAさんに後ろを向いてもらいます。

   その間に、Cさんは、3か所、Bさんの姿勢や服装などを変えてください。

   例) 腕組みをする、手を置く位置を変える、上着の袖をまくる、など

4. 3か所変えたら、Aさんは前を向いてBさんを再び観察してください。

   そして、2で観察したときとどこが違うかを指摘してください。

   1分経過したら中断します。

5. 役割を交代して、2〜4を行います。

6. このワークを行った感想や気づきを話し合ってみましょう。

観察ゲームは、2人一組で実施することも可能です。
ペアで行う場合は、AさんとBさんを決めます。
3では、Bさんが自分で自身の姿勢や服装など3か所を変えてください。

非言語を上手に発信する①

相手の目に映る自分を意識しよう

注目されている援助職の非言語

　非言語的感受性を高めることを心がけると同時に、援助職自身の非言語表現を上手に発信することを心がけましょう。非言語的コミュニケーションで、自分の伝えたいことを適切に表現する力を**非言語的表出性（ノンバーバル表出性）**と呼びます。

　言語チャネルを通したコミュニケーションでは、メッセージの送り手も受け手も、意識して意思を伝え合いますが、非言語チャネルを通したコミュニケーションでは、送り手の自覚がないままメッセージが受け手に伝わることが大きな特徴です。

　援助職が、援助の対象者の表情や姿勢などを観察してメッセージを受け取っているように、援助の対象者もまた、援助職の非言語から多くのメッセージを感じとっているのです。あなたの普段の表情や、癖になっている姿勢・動作などを振り返ってみましょう。それが援助の対象者に、どのような影響を与えているのかを知っておくことが大切です。

上手に発信するポイントは視点取得

　非言語を上手に発信するポイントは、相手の視点に立つことです。相手の視点を理解する能力のことを、**視点取得**と呼びます。通常、私たちは7歳ぐらいから他者の立場に立って考えられるようになると言われていますが、大人になったからといって、視点取得がいつも発揮できているとは限りません。

　「相手の目をしっかり見て話をしたい」「手を握るなどのスキンシップを通して温かさを伝えたい」など、援助職の想いや考えを常に優先すると、相手の視点が欠如してしまいがちです。その結果、自己満足的なかかわりになっている危険性もあるのです。

　「会話中の自分は相手の目にどのように映っているのか」「そのときの表情が相手にどのような印象を与えているか」など、相手の目に映る自分を意識することを心がけましょう。

援助職自身が非言語に無自覚のままでは、考え込んでいるときの無防備な表情が、相手の目には「不機嫌そうな表情」に映っていることもあるかもしれません。

身だしなみも非言語的コミュニケーション

　身だしなみとは、おしゃれをすることではありません。

　おしゃれは、自分のために楽しむものであり、自己表現の1つです。一方で、身だしなみとは、相手に不快感を与えないように外見を整えること、またその心がけのことを言います。「おしゃれは自分のためのもの、身だしなみは相手のためのもの」と考えるとわかりやすいでしょう。

　身だしなみも、非言語的コミュニケーションです。援助の現場においては働きやすい身だしなみであることが基本ですが、相手の目にどのように映るのか、という視点を持つことも大切でしょう。整った身だしなみは、それだけで相手に対する敬意を伝えます。同時に、身だしなみを整えることで、自分の意識もONの状態（仕事モード）に切り替わるのです。

　仕事を開始する前に、今日の自分の表情と身だしなみを鏡で確認してみましょう。そのちょっとした心がけで、その日のコミュニケーションが変わってくるはずです。

好感を与える身だしなみ	不快感を与える身だしなみ
●清潔 ●上品 ●控え目 ●明るい印象	●不潔 ●下品 ●派手 ●暗い印象

非言語を上手に発信する②

スキルとして、非言語を活用しよう

学習可能なソーシャルスキル

　非言語的コミュニケーションを上手に受信したり、発信したりする能力は、ソーシャルスキルの1つと言えるでしょう。**ソーシャルスキル**とは**社会的スキル**とも呼ばれ、対人関係を円滑に運ぶ技能のことを言います。このスキルが適切に発揮されることで、コミュニケーションは円滑に行われ、その結果、良好な対人関係を形成することにつながります。

　ソーシャルスキルは、経験によって獲得され、学習によってさらなる向上が可能です。生まれつきコミュニケーション上手な人はいません。私たちは、人とかかわる経験を重ねて、対人コミュニケーションのスキルを身につけます。援助職として必要なソーシャルスキルも、学習によって磨きをかけることが必要なのです。

スキルは観て、学ぶ

　ただし、知識を学習するだけでは、スキルを身につけることはできません。知識を得るとともに、実際に「観て、学ぶ」ことがスキルの習得に役立つことがわかっています。

　心理学では、観て学ぶことを観察学習と言います。**観察学習**とは、モデルの行動を観察して、その行動を学習することです。**モデリング**とも呼ばれているように、観察学習では、まず学びたいモデルの行動を観察することから始めます。援助の現場で、人とのかかわり方が素敵だなと感じる上司や先輩、同僚を観察してみましょう。

　ただ漠然と見ているだけでは不十分です。そのときの表情や姿勢、アイコンタクトのとり方、相手との距離感、話すときの声のトーンや大きさ、間のとり方など、注意深く観察します。そして、観察した非言語表現を、自分のコミュニケーションにおいて再生してみましょう。取り入れた表現に対して、相手が喜んでくれたり、コミュニケーションが上手くいったりすることで、自分が身につけるべきスキルを実感することができるでしょう。

援助職としての望ましい非言語

表情	笑顔で良好な関係をつくろう 誤解を招く表情に注意しよう 共感は、表情と言葉で伝えよう
目線	目力をアップさせよう 目線で対等な関係を示そう
視線	アイコンタクトを上手に活用しよう 目を合わせるタイミングをつかもう 自然な目のやり場を見つけよう
姿勢	オープンな姿勢をつくろう ミラーリングしてみよう
動作	無自覚な手の動きに注意しよう 想いは立ち居振る舞いで伝えよう うなずきで相手の意欲を高めよう
接触行動	相手とつながろう 手から気持ちを伝えよう
空間行動	その人の空間を大切にしよう 専門職としての距離を意識しよう

援助の現場における
非言語の上手な
活用については、
第3章で紹介します。

非言語が、言葉以上に多くの情報を伝えていることを意識して行動する援助職と、そうでない援助職とではコミュニケーションに大きな差が出ます。

ソーシャルスキル、観察学習（モデリング）

準言語の働き

準言語の2つの役割

言葉の意味を明確にする

　準言語とは、話し言葉に伴う語調のことです。語調には、声のトーン、声の大きさ、話すスピード、アクセント、イントネーション、間のとり方などが含まれます。

　準言語には2つの大きな役割があります。1つは、言葉の意味を明確にする役割です。例えば、「すみません」という言葉には複数の意味がありますが、書き言葉のみでは何を意味する「すみません」なのか不明瞭です。大きめの声で「すみませ〜ん」と声を張るような語調が伴えば、誰かに呼びかけたり、呼び止めたりするときの言葉に聞こえますが、控え目な声でつぶやくように「すみません」と言えば謝罪の言葉に聞こえるでしょう。そのほかにも日本語には、「箸」と「端」、「紙」と「神」、「雨」と「飴」などのように、イントネーションやアクセントによって、言葉の意味が明確になるものも少なくありません。

相手の感情も明確にする

　もう1つは、相手の感情を明確にする役割です。準言語には、その人の、そのときの感情が表われます。話し方や声を意図的に変化させることで効果的に感情を表現することができる一方で、隠しておきたい本音が無意識のうちに準言語に表われてしまうこともあります。

　例えば、謝罪する場面で「すみませんでした」と相手に伝えるときには、控え目な声の大きさと、低めの声のトーンが伴うことで、相手に対する申し訳ない気持ちや自分自身の反省する気持ちを言葉に込めることができます。ところが、「すみませんでしたぁ〜」などと軽い口調だったり、「すみませんでし**た**」などと語気を強めたりすれば、心から謝っている印象にはならないでしょう。それは、謝罪の言葉である「すみませんでした」に伴う準言語が不自然だからです。言語が伝えるメッセージと準言語が伝えるメッセージが一

致していないと、私たちは「すみませんでした」という言語より、その言葉に伴う準言語のほうに本心が表われると解釈します。つまり、本当は謝罪する気持ちはないと感じて、「口先だけの謝罪」と受けとめてしまうのです。

ヘルダーとブルーメン(de Gelder, B. & Vroomen, J.)による実験

表情の静止画と同時に音声を提示して、静止画の人物の感情が「喜び」か「悲しみ」かを実験参加者に判断してもらった

- 表情の静止画……「喜び」から「悲しみ」へと11段階で連続的に変化させたもの

- 音声　………… 感情的な意味が含まれていない内容を、「喜び」または「悲しみ」の感情を込めて発話したもの

実験の結果

- **表情の判断は音声による影響を受けた**
  - →「悲しみ」の音声が伴うと、「喜び」の表情であっても過半数が「悲しみ」と回答
  - →「喜び」の音声が伴うと、「悲しみ」の表情に「喜び」と回答する割合が高かった

- **音声を無視して表情のみで判断することを求めた場合でも、「悲しみ」の音声とともに提示された表情の静止画に対しては、「悲しみ」と回答する割合が増えた**
- **表情を無視して音声のみで判断することを求めた場合でも、音声の判断は表情による影響を受けた**

この実験から、感情認知における表情と音声による情報の相互作用が明らかになりました。

準言語を上手に受信する

声の感情を
受けとめよう

相手の感情を知る重要な手がかり

　援助の対象者のなかには、本当は悲しい気持ちを抱えているのに笑い顔をつくる人や、本当は動揺しているのに平静を装って表情を変えない人もいます。本当の気持ちを隠そうとして顔の表情を繕っても、心のなかの感情を完璧に封じ込めることはできません。私たちの感情は、顔の表情にだけでなく、声にも表われやすいからです。

　感情が含まれた音声のことを**感情音声**と呼びます。悲しいときに自然と涙声になったり、怒りを感じているときにはつい声を荒らげてしまったりするように、私たちの感情は、無意識のうちに声にも表われているのです。

言語と非言語だけでは判断できない

　視覚から得られる非言語情報とともに、聴覚から得られる準言語情報は、相手の感情を知るための重要なヒントになります。

　例えば、援助の対象者が「もう大丈夫です」と笑顔で言えば、その言葉と笑った表情から相手の気持ちを判断して、「それはよかったです」などと言葉を返してしまいがちです。ところが、相手の声にも注意を向けてみると、顔の表情に表われた感情と、声に表われた感情が一致しないことも少なくありません。「もう大丈夫です」と言った相手の声が力強ければ、言葉と表情と声のすべてから同じメッセージが伝わってきます。逆に、相手の声が弱々しい印象だった場合、言語情報（「もう大丈夫です」という言葉）や非言語情報（笑顔）が伝える感情と、準言語情報（力のない声）が伝える感情は一致しません。援助職が相手の言葉や表情だけで判断をしてしまうと、その後のコミュニケーションは噛み合わなくなってくるでしょう。

　相手の声や言い方に意識を向けることが、準言語情報を上手に受信する第一歩です。相

手の言葉が伝えているメッセージと準言語情報が一致しているか、表情などの非言語情報と準言語情報が矛盾していないか、などを手がかりにして相手の感情を理解しましょう。

言語・非言語・準言語が一致している場合

（「もう大丈夫です」） ✕ （笑った顔） ✕ （力強い声）

一致している場合には、すべてから同じメッセージが伝わってくるので、相手の感情を正確に理解することが可能です。準言語情報が明確でないときにも、非言語情報がメッセージの理解を補完します。

言語・非言語・準言語が一致していない場合

（「もう大丈夫です」） ✕ （笑った顔） ✕ （弱々しい声）

一致していない場合には、2つの可能性が考えられます。

可能性1 感情の表出を抑えている

本当の気持ち（つらさ、悲しみ、不安など）を抑えて、本心とは逆の言葉を選び、本心を隠す表情をつくっている可能性が考えられる

可能性2 複雑な感情を表現している

「放っておいてもらいたいけど、放っておかれると寂しい」のように相反する感情を同時に抱いている**アンビバレント**な状態や、「前向きな気持ちと不安な気持ちが混在している」などの複合的な感情が考えられる

準言語を上手に発信する

援助職の態度を
声で見せよう

内容以上に言い方が大切

　私たちの声は、言葉を伝える重要な手段であるとともに、感情を伝えるツールでもあります。特に日本人は、他者の感情を理解しようとするときに、声から得られる準言語情報への依存性が高いことがわかっています。

　日本では、話し言葉でメッセージを伝えるときには「何を言うか」という言葉以上に、「どのように言うか」という言い方を重視する傾向があるのです。例えば、「よかったですね」は相手と一緒に喜ぶときの言葉ですが、言い方によっては、嫌味を言っているようにも聞こえてしまうでしょう。言い方次第で、言葉の意味することとは逆のメッセージを伝えてしまうこともあるかもしれません。

　言い方が大切だからこそ、日本人は準言語情報への依存性が高いと考えられているのです。自分の感情をストレートに言葉で伝えたり、顔の表情や動作などでわかりやすく表現したりしない分、声から得られる情報が大きな意味を持つのかもしれません。

援助職のマインドを伝える声

　援助の対象者は、援助職の声や言い方に敏感です。なぜなら、準言語情報からも直接的に、援助職のマインドを知ることができるからです。**マインド**とは直訳すると「心」や「精神」を意味する言葉ですが、ここで言う援助職のマインドとは、援助職としての基本的な態度を指しています。

　援助職の表情や目線・視線、姿勢などを見れば、その人の援助に対する心構えや援助の対象者への向き合い方がわかるでしょう。同様に、援助職の声や言い方などからも、その人のマインドが伝わってくるのです。話す言葉は少なくても、そのときの援助職の声や語調が、ラポール（p.52）の形成に大きく影響を及ぼすこともあります。援助職として望

ましい語調を意識しましょう。

「声は生まれつきのものだから、変えようがない」などと思われがちですが、声の印象は意識することで変えることが可能です。援助の専門家としての話し方も、訓練をすれば身につけることができます。

　同じ言葉を伝えても、言い方ひとつで相手に与える印象は変わります。援助職が準言語を上手に発信することが、日々のコミュニケーションの質を高めることにもつながるのです。

援助職としての望ましい準言語

声のトーン	声の効果で印象を変えよう 声のトーンで気持ちを伝えよう
声の大きさ	適切な大きさの声で話そう 「壁に耳あり」に注意しよう
話すスピード	相手と波長を合わせよう 説得するときはゆっくり話そう
抑揚	メリハリのある話し方をしよう 語尾を柔らかくしよう
声の質	意識を向けて声を出そう

準言語の上手な
活用については、
第4章で紹介します。

悲しいから泣くのではなく、泣くから悲しい

　私たちは、悲しい感情を経験すると、その感情を表出して泣くと思いがちです。ところが、アメリカの心理学者ジェームズ（James, W.）は「悲しいから泣くのではなく、泣くから悲しい」と考えました。ジェームズと、同様の説を唱えたデンマークの医師ランゲ（Lange, C. G.）の名前をつけて、この感情表出のプロセスを**ジェームズ・ランゲ説**と呼びます。現代の心理学においてもジェームズ・ランゲ説は、**顔面（表情）フィードバック仮説**として研究されており、ドイツの心理学者ストラック（Strack, F.）らが行った実験が大変有名です。

　実験では、被験者に2種類の表情で漫画を読んでもらい、その漫画の面白さを評価してもらいました。表情をつくる操作として、被験者に以下を指示したのです。

①ペンを歯で咥える（口が「イ」の形になり、ニッと笑ったときの表情になる）
②ペンを唇で咥える（口が「ウ」の形になり、口をすぼめているような表情になる）

　実験の結果、②と比べて、①のほうが漫画を面白いと評価しました。

　ペンを歯で咥えたことで顔の大頬骨筋が収縮されただけですが、私たちの脳はそれを笑ったときの表情と認知したため、漫画がより面白いと評価されたと考えられています。つまり、「楽しいから笑うのではなく、笑うから楽しい」ということが実証されたのです。

> 私たちは、非言語チャネルを通して感情を表出すると同時に、その表出行動それ自体によってまた感情を経験していることになります。笑顔は相手によい印象を与えるだけでなく、自分自身のポジティブな感情を引き起こすことにもつながっているのです。

こんなコミュニケーションでは上手くいかない

援助職の表情や目線・視線、姿勢、動作などの非言語、そして声のトーンや大きさ、言い方などの準言語は癖になっているものが多く、無意識のうちに、相手に意図しないメッセージを伝えていることもあります。第2章では、援助の現場でやってしまいがちな非言語的コミュニケーションと準言語的コミュニケーションを振り返ってみましょう。

不適切な非言語・準言語が与える印象

表情が怖い

威圧的

壁をつくられている気がする

なんだか落ち着かない

なんだか不安になる

気遣いがない

早口で頭に内容が入ってこない

なんだかトゲがある

熱意がない

なんだか否定されていると感じる

援助の現場における非言語と準言語

ラポールを形成するときのNGな癖

援助の対象者と援助職との信頼関係

効果的な援助を実践するためには、援助の対象者と援助職との間に信頼関係を形成することが重要です。その人との関係づくりは、初対面での挨拶から始まります。コミュニケーションを1つひとつ丁寧に重ねて、援助の対象者とのラポールを形成していきましょう。

ラポールとは、親近感や信頼感にあふれた深い感情的接触を伴う対人援助関係のことです。「この援助職は信頼できる人だ」と思うことができなければ、援助の対象者は自分自身のことや家族のこと、直面している問題などについて、安心して話をすることができません。対人援助職には、援助業務を遂行するために必要な専門的な知識や技術だけでなく、援助の対象者とラポールを形成するためのコミュニケーション力も身につけていることが求められるのです。

言語・準言語・非言語でラポールを形成

ラポールを形成するためのコミュニケーションとは、単なる言葉のやりとりだけを意味しているわけではありません。援助の現場では、ラポールの形成に結びつくように、言語的コミュニケーション、準言語的コミュニケーション、非言語的コミュニケーションのすべてを適切に活用することが大切です。

援助職が話す内容は、そのとき「どのような言い方をしたのか」によって、相手の受けとめ方に影響を及ぼします。同時に、話をしているときの援助職のふっとした表情や何気ない動作などが、相手に対する態度を無意識のうちに伝えます。援助の対象者は、援助職の非言語的手がかりから「自分は尊重されている」と感じることもあれば、「自分は見下されている」と察知してしまうこともあるでしょう。

自分の癖を知っておくことが大切

「なくて七癖あって四十八癖」という諺があるように、私たちは誰でも癖を持っています。**癖**とは、人が無意識のうちに、あるいは特に強く意識することなく行う習慣的な行動のことです。どちらかと言えば、あまり好ましくない言行が多く、同じような状況のもとで常に自動的に繰り返される傾向と言えるでしょう。

　考え事をしているときに眉間にしわが寄っている癖、話を聴いているときに気づくと腕組みをしている癖、自分が話をするときに語尾を強調する癖など、ついやってしまいがちな癖が、知らず知らずのうちに、ラポールを形成するときの邪魔をしているかもしれません。

COLUMN かかわり行動

　相手への視線の向け方、表情や姿勢、話すスピード、声の大きさ、声の調子などを、マイクロカウンセリングでは**かかわり行動**と呼びます。マイクロカウンセリングは、アイビイ（Ivey, A. E.）が開発した面接技法の基本モデルです。基本的な技法から高度な技法までの1つひとつを習得し、面接技法を積み上げていく訓練プログラムになっています。

　かかわり行動は、マイクロカウンセリングの基礎部分に位置づけられています。面接場面では、適切なかかわり行動によって、相手が安心して話せる雰囲気を短時間でつくりだすことが可能になるのです。

NGな非言語①

相手に怖がられてしまう表情

相手にもストレスを与える「眉間のしわ」

　作業に集中している人や、時間に追われている人には、近寄りがたい雰囲気を感じます。それは、その人の表情や姿勢、振る舞いが、言葉の代わりに「今、私に声をかけないで！」というメッセージを伝えているからです。

　非言語的な手がかりのなかでも、私たちは、感情が表出されやすい顔の表情から多くの情報を得ようとします。その人の表情を見て、**眉間にしわ**が寄っていたり、口角が下がって口元が「へ」の字の形になっていたりすると、「怒っているのかな」「イライラして機嫌が悪そう」「声をかけるのが怖い」などと感じる人が多いでしょう。あるいは、「疲れているのかな」「ストレスが溜まっていそう」などと受け取るかもしれません。援助職の表情ひとつで、援助の対象者に安心感を与えることもできれば、逆に不快感や嫌悪感を与えてしまうこともあるのです。

相手の誤解を招く「不用意な笑顔」

　実際に、ストレスの多い人や我慢している人の眉間にはしわが見られがちですが、その一方で、眉間にしわを寄せることが癖になっている人もいます。援助の対象者との会話において、援助職の眉間にしわを寄せた表情が、無意識のうちに相手を緊張させてストレスを与えているかもしれません。例えば、相手が失敗経験をしたときに、援助職がつい眉をひそめれば、相手はますます気持ちが落ち込んでしまうでしょう。

　眉間にしわを寄せる癖のある人は、笑顔でいることを意識するとよいでしょう。笑いながら眉間にしわを寄せることはできないからです。

　ただし、援助の対象者との会話においては、いつも笑顔でいることが良いとは限りません。相手に不用意に笑顔を向けると、誤解を招くこともあります。「大丈夫ですよ」とい

う気持ちを込めて優しく微笑んだつもりが、相手には「私の失敗を鼻で笑った」などと映ってしまうこともあるからです。

援助の現場でNGな表情

- 眉間のしわ
- 「へ」の字の口元
- 自衛的な笑い(p.84)
- 無表情

COLUMN

説得場面での笑顔は信頼できない?

　説得場面において、話し手の信頼性を検証した研究があります。ここでの信頼性とは、話し手（説得しようとしている人）がどの程度自分の知っていることを正直に伝えるかを意味します。

　視線を多く相手に向ける話し手は、能力の高さや正直さが感じられたことで信頼性が高く評価されました。その一方で、笑顔が多い話し手は、信頼性が低く評価されたのです。笑顔は一般にポジティブな印象に影響を与えますが、いつも笑顔がいいとは限らないと言えるでしょう。ちなみに、信頼性への評価に笑顔がマイナスに作用した理由は、日本人の笑顔には困惑や恥じらいの微笑みが含まれるためではないかと考察されています。

NGな非言語②

「威圧的」と相手が感じる目線・視線

▌横柄な態度に見える「上から目線」

　実際には対等な立場にある人や下の立場にある人が、まるで自分のほうが上であるかのような言動をすると、**上から目線**と言われてしまうことがあります。実際に、相手よりも目線が高いままでいると、人を見下すような態度と思われてしまう危険性があるのです。

　例えば、座っている援助の対象者に援助職が立ったまま話しかけると、相手を見下ろす目線になります。上から目線のまま会話を続ければ、相手に威圧感や緊張感を与えてしまうでしょう。

▌存在を否定する「無視」

　相手とまったく目を合わせようとしなかったり、アイコンタクトをとっても視線をすぐにそらしたりするのは、かかわりを拒否、あるいは回避しようとする行為と受け取られるかもしれません。

　目の前に相手がいても、存在しないかのように接すれば、それは相手を無視していることと同じです。アイコンタクトが苦手なだけであっても、出会いの場面で援助職がまったく目を合わせようとしなければ、その瞬間に相手は「私には関心がないんだな」と感じてしまうでしょう。

▌緊張を高める「凝視」

　相手に視線を向けることで、その人に対する肯定的な関心を伝えることができますが、相手を凝視すると逆効果になるので注意が必要です。**凝視**とは、目を凝らしてじっと見つめることです。私たちは相手に疑いや敵意、不信感などを持っているときにも、相手をじっと見る傾向があります。援助職がじっと見つめれば、相手は緊張を高めて、萎縮してしまうでしょう。

援助の現場でNGな目線・視線

- アイコンタクトがない
- 目が合ったらすぐに視線をそらす
- 詮索するようにジロジロ見る
- 威嚇するように凝視する
- 無理に視線を合わせようとする

車椅子を使用している人に立ったまま話しかけると、相手は援助職を見上げて会話をすることになるためストレスを感じるでしょう。

上から目線、無視、凝視

NGな非言語③

「壁をつくっている」と相手が感じる姿勢

■ 話す意欲を低下させる「防衛姿勢」

　援助の現場にも、すぐに腕を組んだり、座っているときに脚を組んだりする人がいます。考え事に集中しているときに腕を組む人もいれば、ただ何となく脚を組む姿勢が癖になっている人もいるでしょう。**腕組みや脚組み**は、緊張したり不安を感じたりするときに、自分を守ろうとする**防衛姿勢**と考えられています。実際に、「腕組みをすると安心する」と感じている人も少なくないでしょう。

　ところが、対面で会話をしているときの腕組みや脚組みには注意が必要です。それが、考えることに集中しているサインであったとしても、あるいは、単なるいつもの癖であったとしても、防衛姿勢は相手を拒否している雰囲気をつくってしまうからです。

　話を聴いている援助職が防衛姿勢では、相手は、壁をつくられているようで話しづらさを感じてしまうでしょう。「お話を聞かせてください」などと相手に話をすることを促しても、そのときの援助職の姿勢が言葉とは異なるメッセージを相手に伝えていることもあるのです。

■ ネガティブな感情を高める「腕組み」

　腕組みには、自分を守ることで安心が得られる効果があると言われていますが、その一方で、他者に対するネガティブな感情を高める効果もあることがわかってきました。

　腕組みの効果を検証した実験によると、腕組みをして話を聴いた場合、話の内容に対して批判的になる傾向があることが指摘されています。つまり、話の内容に批判的だから緊張や不安を感じて腕組みをするとは限らず、腕組みをしているから、知らず知らずのうちに相手にネガティブな感情を持つとも考えられるのです。

　援助職の腕組みが援助の現場で与える影響は、想像以上に大きいのかもしれません。

腕組みの効果を検証した実験

実験では大学生に講義を聴くときの姿勢を指示し、授業終了後に、講義についてのアンケートと授業内容を確認するテストを行った

● グループ①の学生には、腕や手は組まずにリラックスした姿勢で講義を聴くように指示

● グループ②の学生には、しっかり腕組みをした姿勢で講義を聴くように指示

実験の結果

● グループ②の学生は、グループ①の学生よりも、講義内容に対して批判的であった

● グループ②の学生は、グループ①の学生よりも、講義内容を確認する記憶テストの成績が悪かった

腕組みが、無意識のうちに講義内容に対するネガティブな感情をつくりだし、新しい知識を得ることの妨害をしてしまったと考察されています。

援助の現場でNGな姿勢

- 腕組みや脚組みなどの防衛姿勢
- クローズド・ポジション (p.102)
- 椅子に浅く座って、背もたれに寄りかかる
- 机に肘をつく
- ポケットに手を入れたまま話す

NGな非言語④
「落ち着かない」と相手が感じる動作

案外気になる「無意味な動作」

　援助の対象者との会話では、話の内容に合わせた身振り手振りの動作（ジェスチャー）をつけて話をすると、わかりやすく伝えようとする援助職の熱意が伝わります。ところが、同じ動作でも、援助職が自分の髪を触りながら、あるいは指でペンをくるくると回したりしながら話をすると、相手は話の内容に集中することができなくなるでしょう。単なる援助職の癖であっても、目の前で無意味な動作が繰り返されると、案外気になるものです。

　無意味な動作には、**貧乏ゆすり**も含まれます。援助職が膝を絶えず細かく動かしていると、行儀が良くないだけでなく、相手は落ち着かない気分になるでしょう。

　相手は援助職の何気ない癖を見て、「落ち着かないのは緊張しているからだろうか」「自信がないのかな」などと解釈してしまうかもしれません。

安心して任せられない「雑な動作」

　テキパキと仕事をこなしているようでも、雑な動作では相手によい印象を与えません。それが日常のちょっとした動作であっても、ものを雑に扱ったり、荒々しく扱ったりすると、物事に対していい加減な取り組み方をする人に見えてしまうからです。

　援助の対象者の前で、バタンと大きな音を立ててドアを開け閉めしたり、ガチャガチャと音を立ててものを荒っぽく扱ったりすると、相手は不安な気持ちになるでしょう。ましてその人の所有物を無造作に扱うと、相手は自分までぞんざいに扱われたような気持ちにもなるのです。

　何か作業をしながら、同時に相手の話を聞こうとする「ながら聞き」だけでなく、同時に2つの動作を行う「ながら動作」も、相手に丁寧な印象を与えません。

援助の現場でNGな癖

- 会話中に自分の髪をいじる
- 座っているときに貧乏ゆすりをする
- 会話中に指でペン回しをする
- 大きな音を立ててドアを開け閉めする
- ものを置いたり、動かしたりするときに大きな音を立てる
- ガチャガチャと音を立ててものを扱う
- どんどんと大きな足音を立てて歩く
- 片手でものを渡したり、受け取ったりする

プライベートでは問題なくても、援助の現場では、援助の対象者や同僚に常に見られているという意識が必要です。「癖だから仕方ない」と諦めずに、自分の癖が相手に与える影響を知っておくことが大切でしょう。

貧乏ゆすり

NGな準言語①

相手を不安にさせる声のトーン

初対面での「低いトーン」

　非言語の次に、初対面での印象形成に大きく影響するのが準言語です。電話での応対であれば、第一声のトーンが、援助職の第一印象だけでなくその法人・事業所の印象まで決めてしまうこともあります。第一声のトーンが低いと、相手を歓迎している雰囲気や、温かく迎え入れる気持ちは伝わりにくいでしょう。会話中に低いトーンで話すと落ち着いた雰囲気になりますが、最初からトーンが低いと消極的な印象を与えてしまいます。

やる気が感じられない「単調なトーン」

　単調なトーンでは、援助職が話す言葉が機械的もしくは事務的に聞こえてしまうでしょう。まるで文章を棒読みしているようで、やる気のない人、愛想のない人などの印象を与えがちです。

トーンが違うと噛み合わない

　不安や悩みを抱えて、テンションが下がっている状態の人は、声のトーンも低めです。援助職が高いトーンのまま会話をすれば、波長が合わず、会話をスムーズに進めることはできないでしょう。それは、話すときのトーンが合っていないからです。

　逆に、援助の対象者から嬉しい出来事の報告があったとき、援助職が低いトーンのまま「よかったですね」と言葉をかけても、相手は一緒に喜んでくれたという実感が湧かないでしょう。

　私たちは自分のトーンと合わない人と会話をすると、負担を感じ、ときに苦痛にさえ感じることもあるのです。

発声するときのNGな姿勢

- **うつむき**……顔を下に向けて、顎が下がっている状態
  顎が下がると、声のトーンが低くなる。つまり、声のトーンが低いときは、うつむき気味になっていることが多く、表情も暗くなりがち

- **猫背**………背中が丸まっていて、頭部が前方に出ている状態
  背中が丸まっていると自然と目線も下がって、声量が落ちる。声のトーンが低くなるだけでなく、声に張りがなくなるので暗い印象になりがち

パソコンなどの画面を見ているとき、知らず知らずのうちに背中を丸めて、顎を突き出した姿勢になっている人がいます。このような姿勢をIT猫背、スマホ猫背などと呼ぶそうです。首のこり、片頭痛などの原因にもなるので注意しましょう。

COLUMN 言葉以外の手段が伝える関係の質

　挨拶するときは、声のトーンとともに、表情、目線・視線、動作などの非言語にも注意しましょう。暗い声のトーンで、何か作業を行いながら、相手のほうを向かずに無表情で「おはようございます」と伝えるのか、それとも、明るい声のトーンで、作業の手を止めて、相手に身体を向けて笑顔で「おはようございます」と伝えるのか……この無意識のうちに表われる違いが、相手との関係の質を表わします。
　大切に思っている人に挨拶するときは、自然に表情やまなざしが優しくなり、柔らかく明るい声になっているはずです。無表情のまま相手を見ないで、ボソボソと暗い声で挨拶をしても、その人を大切に思っている気持は伝わりません。

NGな準言語②

「気遣いがない」と 相手が感じる声の大きさ

騒々しい「大きな声」

　援助の現場では、相手に正確に言葉を届けようとして、いつも大きな声の人がいます。親切のつもりでも、援助職がやたらと大きな声で話すと、威圧的で強引な印象を与えてしまうでしょう。大勢に呼びかけたり、その場を明るく盛り上げたりするときなどは声を大きくする必要がありますが、普段の会話だけでなく、笑う声や「うんうん」などのあいづちまで大きな声では、相手は騒々しいと感じるかもしれません。

　適切な声の大きさは、相手の状態（聴力に問題があるのか、ないのか）や相手との距離（離れているのか、近いのか）、話す内容（深刻な話なのか、雑談なのか）によっても変わります。誰に対しても、どんなときでも大きな声では、「気遣いができない人」「デリカシーに欠ける人」などと思われてしまうでしょう。気遣いとは、相手を思いやって配慮することを言います。つまり、相手に不快な思いをさせないように気遣いができれば、相手を優先して考える**相手本位**の話し方になるはずです。

聞き取れない「小さな声」

　声の大きさが不適切なのは、やたらと大声で話す人だけではありません。小さな声でボソボソと話す人も、相手から「気遣いができない人」と思われてしまうこともあるでしょう。援助職の声が小さいと、言葉がちゃんと相手に届きません。話の内容が聞き取れないと何度も聞き返すことになり、相手はストレスを感じて、話を聞こうとする意欲を低下させてしまうかもしれません。

　「私はもともと声が小さいから、大きな声で話すのはちょっと……」と思っていては、自分を優先して考える**自分本位**の話し方になりがちです。

このようなとき、声が大きくなっていませんか？

新人職員に注意するとき

「どうして早く言わなかったの？！」

その場に居合わせた他の職員や、援助の対象者の
耳に届いて、「パワハラ？」などと誤解を招くこと
もある

援助職同士で会話するとき

「○○さんがなかなか納得してくれなくて…」

他の援助の対象者や、その家族が耳にしてしまい、
「○○さんのことを悪く言っていた」などと不信感
を招くこともある

周囲の環境や第三者の存在などにも配慮して、声の大きさを
調整する必要があります。

相手本位、自分本位

065

NGな準言語③

「内容が入ってこない」話す速度

相手を焦らせてしまう「早口」

　早口とは、ものの言い方が早いことを指します。一般的に早口であるか否かは、1秒間に話すひらがなの文字数から判断することができます。1秒間に6〜7文字を一口で言う速さが普通、9〜10文字あるいはそれ以上が早口と考えられています。

　早口で話すと、テキパキと意欲的に行動している印象を与えますが、援助の対象者とのコミュニケーションでは、援助職の早口が相手を焦らせてしまうこともあります。援助の対象者のなかには、病気や障害、あるいは加齢の影響を受けて、思考や動作が遅くなっている人もいます。不安や悩みを抱えて、テンションが下がっている状態の人も少なくありません。援助職が早口で話をすれば、急かされているように感じて、相手は慌ててしまうでしょう。

相手を圧倒してしまう「矢継ぎ早な話し方」

　1秒間に話すひらがなの文字数にかかわらず、矢継ぎ早な話し方をするのも早口の人の特徴でしょう。**矢継ぎ早に話す**とは、息もつかせぬ勢いで話し続けることを言います。矢継ぎ早な話し方は、話すスピードが速いだけでなく、話のなかに適度な間がありません。まるで、まくしたてるような話し方になり、相手を圧倒してしまいがちです。

　援助の対象者との会話において、援助職が早口で一気に話そうとすれば、相手は「次々に言われても、内容が入ってこない」などと、話を聴くことに負担を感じるでしょう。間のない話し方をされると、相手は1つひとつの言葉を受け取る時間を持つことができません。その結果、話の内容を理解する余裕がなくなり、相手は会話についていけないまま、取り残された気持ちになることもあるのです。

あなたはどちらの言い方をしていますか？

一口で言う

受付は9時からです

間をとりながら言う

受付は、9時、からです

一気に伝えたときと、間をとりながら伝えたときとでは印象が違ってきます。早口では慌ただしい印象になるだけでなく、相手は言葉を聞き逃してしまうかもしれません。

↗ スキルアップ

自分の話す速度を知る

援助職のなかには、自分が早口であることを自覚している人もいれば、「話をするときの速度なんて意識したことはない」という人もいるでしょう。周囲は早口だと思っていても、「私は普通の速度で話している」と思い込んでいる人もいます。

自分の話す速度を知る方法の1つとして、テレビなどでアナウンサーが話しているときの速度と、自分が話すときの速度を比べてみるのもよいでしょう。プロのアナウンサーは「1分間に300文字」を目安にして話しているそうです。1秒間では5文字程度になりますので、プロのアナウンサーと同程度の速度であれば、ややゆっくりとした話し方であることがわかります。相手に正確に伝わるように話すときの理想の速度と言えるでしょう。

また、ボイスレコーダーやスマートフォンに録音して、自分の普段の話し方を聞いてみるのもよいでしょう。話をするときの速度だけでなく、自分の声を客観的に知ることもできます。

NGな準言語④

「言葉にトゲがある」と相手が感じる言い方

きつい印象になる語尾

　自分ではきつく言っているつもりはないのに、周囲から「言葉にトゲがある」「言い方が怖い」と思われてしまう人がいます。そのように思われていることに自覚があって、「どうして、自分の言い方はきつく聞こえるのだろう」と悩んでいる援助職も少なくないようです。その一方で、本人の自覚がないまま**刺々しい言い方**をしてしまい、援助の対象者や他の職員から敬遠されている援助職もいるかもしれません。

　言葉自体にトゲはなくても、語尾（言葉の終わり）の音を強調した言い方をすると、きつく印象になりがちです。例えば、語尾を強調せずに「はい、わかりました」と言うのと、「はい、わかりました」という語気を強めた口調で言うのとでは、印象は大きく変わります。「わかりました」と語尾を強めると乱暴な雰囲気になるため、怒っているようにも、苛立っているようにも聞こえるのです。

頼りない印象になる語尾

　語尾を強める癖はなくても、語尾をやたらと延ばしたり、上げたりする癖にも注意が必要です。「そうなのですね〜」などと少しだけ語尾を延ばすと言葉が柔らかく聞こえますが、延ばしすぎるのは不自然です。そのときに、「そうなのですねぇ⤴」などと語尾を変に上げたりすると、幼稚で拙い印象を与えてしまうでしょう。

　語尾だけでなく、助詞の音を上げる癖があると鼻にかかった声になり、甘えているような言い方に聞こえてしまいます。助詞とは、名詞や動詞などに付属する「て」「に」「を」「は」などのことです。例えば、「私はぁ⤴、必要かと思ってぇ⤴」などと助詞の音を上げて伝えると、その言い方のほうに相手の注意が向いてしまい、話の内容に集中することができなくなるかもしれません。

NGな言い方の癖

- 語尾を強める → きつい印象

   例 「そうです**か**、わかりまし**た**」

- 語尾をやたらと延ばす・上げる → 幼稚で拙い印象

   例 「そうですかぁ↗、わかりましたぁ↗」

- 助詞の音を延ばす・上げる → 甘えた印象

   例 「○○さん**がぁ**↗、どうしてもって言うの**でぇ**↗」

> 助詞には「て、に、を、は」のほかにも「が、の、と、で」などが
> あります。

COLUMN オンライン面談での話し方

　オンラインでの会話では、対面で会話をするときより、言葉が聞き取りにくいと感じることが多くあります。自分が発言するときは、意識的に明瞭な発音を心がけましょう。背筋を伸ばし、腹筋を使って声を出すと「通る声」になります。やたらと大きな声や、甲高い声はかえって聞き取りにくさにつながるので注意しましょう。口を大きく開けて、滑舌のよい話し方を意識することも大切です。

　オンラインで話すときは、普段より「言い方の癖」が目立ってしまう傾向があります。語尾を強める癖があると、いつも以上にきつい言い方に聞こえるでしょう。助詞をやたらと上げる癖があると、その話し方が鼻について、相手にいい印象を持ってもらえないこともあるので注意が必要です。

NGな準言語⑤

「熱意がない」と相手が感じる声

声にパワーのない「か細い声」

　か細い声とは、声量がないだけでなく、今にも消えてしまいそうな声のことです。「蚊の鳴くような声」などと表現されるように、か細い声は弱々しい印象を与えます。実際に、か細い声は聞き取りにくく、相手にしっかり言葉を届けることができません。発言しても相手に正しく伝わらなければ、自分も、相手もストレスを感じてしまいます。

　初対面の場面で、挨拶するときの援助職の声がか細いと、それだけで相手は不安な気持ちになるでしょう。「自信がない人」「頼りない人」などの印象を抱くだけでなく、聞き取れない声で話をする援助職には、援助の対象者への配慮や熱意が感じられないからです。

消極的な印象の「暗い声」

　明るい声の援助職には、元気、朗らか、健康的などのポジティブな印象を抱くでしょう。反対に、暗い声の援助職に抱く印象は、消極的、意欲が低い、愛想がない、不健康などのネガティブなものになりがちです。

　私たちの声には、高ければ明るく聞こえ、低ければ暗く聞こえるという特徴があります。普段から暗い声の人は、うつむき気味に話をする傾向があるのかもしれません。下を向くことで、顎が下がって声が低くなると、声の印象が暗くなるのです。

心が通わない「硬い声」

　身体に力が入っていて、姿勢も、表情も緊張していると、声も硬くなりがちです。逆に、リラックスしているときには、自然と表情や声も柔らかくなるものです。

　援助職が硬い声で対応すると、その緊張が伝わって、相手を身構えさせてしまうでしょう。言葉は丁寧でも**硬い声**で話をすると、機械的な印象になり、相手は親しみを感じるこ

とができません。

言葉が不明瞭な「こもる声」

　援助職がこもる声で話をすると、言葉が不明瞭になるため、相手は何度も聞き返すことになりがちです。本当は聞き取れていないのに、援助職に遠慮して、わかったふりをしている場合もあるかもしれません。

　こもる声の原因は、声質そのものにあるのではなく、口の開け方や舌の使い方にあることが多いようです。上唇が前歯に覆い被さったまま下顎だけを動かして話をすると、声が口のなかに戻ってしまいます。また、猫背の姿勢になっていたり、身体が縮こまっていたりすると、声の出る方向が下向きになることで、こもる声になりがちです。

NGな印象の声

	考えられる原因	声が与える印象
か細い声	口先だけで発声している（腹筋の力を活用して声を出していない）	弱々しい、自信がない、頼りない
暗い声	うつむき気味に話している（顎が下がっている）	消極的、意欲が低い、愛想がない、不健康
硬い声	身体に力が入って、緊張している	堅苦しい、機械的、親しみを感じにくい
こもる声	下顎のほうだけ動かして話している、舌の動きが悪い、姿勢が悪い	自信がない、暗い、気持ちが入っていない、説得力がない

NGな準言語⑥
相手をネガティブな 気持ちにさせるため息

■ 疲れたイメージの「はぁ〜」

　ため息とは溜めて長く吐き出す息、思わず出る大きな吐息のことです。

　心配事や悩みを抱えているときや、思い通りにいかないときに、つい「はぁ〜」とため息が出てしまうこともあるでしょう。1人でいるときのため息は単なる大きな吐息ですが、そばに誰かがいる場面でのため息は「しんどい」「嫌になる」「疲れた」などのネガティブなメッセージを伝えて、相手を不快にしてしまうこともあります。1回の「はぁ〜」で終わらずに、何度もため息をつく人がそばにいると、その場の雰囲気が重苦しくなってしまうこともあるでしょう。

　「はぁ〜」というため息が日頃の癖になっていると、知らず知らずのうちに、周囲をネガティブな気持ちにさせているかもしれません。

■ ほっとしたときの「ふぅ〜」

　緊張がとけたときに思わず「ふぅ〜」と出る息も、実は立派なため息です。

　例えば、話し合いを重ねて、やっと援助の対象者が納得できる結論に至ったときなどに、「ふぅ〜」と安堵のため息が出ることもあるでしょう。ほっとしたときの「ふぅ〜」であっても、援助職のため息は、思いがけないところで相手の誤解を招く原因になりかねません。それは、ため息が「やれやれ、やっと終わった」という誤ったメッセージを援助の対象者に伝えてしまうことがあるからです。

　援助職にため息をつかれた相手は、不快になったり、悲しい気持ちになったりするでしょう。あるいは「自分に対する当てつけの行為？」などと、疑心暗鬼になってしまうかもしれません。不意についたため息1つで、相手を傷つけてしまうこともあるのです。

このようなとき、ため息をついていませんか？

● 介護の現場で要介護者を移乗させた後の「ふぅ〜」

● 医療の現場で患部の処置をした後の「はぁ〜」

● 相談援助の現場で面談を終えた後の「ふぅ〜」

援助職にとっては何気ない「ふぅ〜」「はぁ〜」でも、援助の対象者はそのため息からネガティブなメッセージを受け取ってしまいます。
ため息は無意識のうちに出てしまうこともありますが、普段から、ため息をつくことを癖にしないようにしましょう。

ため息

ため息をつくと幸せが逃げる?

「ため息をつくと幸せが逃げる」などと言われることがあるように、一般的にため息にはマイナスのイメージがあります。確かに、ため息をつく姿は、いかにも疲れた感じがします。そばで「はぁ～」とため息をつかれると、自分まで暗い気持ちになることもあるでしょう。

　ところが、ため息をつく人にとっては、大きく息を吐くことでプラスの効果が得られることがわかってきました。「はぁ～」「ふぅ～」と通常の呼吸よりも長く息を吐くと、深呼吸した後のように身体の緊張がほぐれて、リラックス効果が得られるのです。同時に、深く息を吐くことで自然と腹式呼吸になり、酸素が十分に全身へ供給されて、疲労回復効果も期待できます。つまり、ため息は、心身のリフレッシュにつながるのです。

　ただし、これらの効果は、ため息をついた人が得られるものです。ため息をつかれた人にとってはマイナスなイメージが強いことを考えると、人前でのため息はやはり慎んだほうがよいでしょう。

非言語を
上手に活用しよう

第3章では、非言語の活用について学びます。
援助の現場で望ましい非言語行動を身につけると同時に、相手の非言語的手がかりを上手に
受信して、コミュニケーション力をアップさせましょう。

非言語を活用するための7つのポイント

ポイント1
表情

ポイント2
目線

ポイント3
視線

ポイント4
姿勢

ポイント5
動作

ポイント6
接触行動

ポイント7
空間行動

表情①

笑顔で良好な関係をつくろう

笑顔は大切なコミュニケーション

　顔に見られる表情は、非言語的コミュニケーションの代表です。

　援助の現場において、援助の対象者とかかわるときの表情は笑顔が基本と言えるでしょう。それは、笑顔が優しさや温かさを伝える表情だからです。笑顔は相手の不安感や警戒心を取り除いて心を和ませ、話しかけやすい雰囲気をつくります。不機嫌そうな表情や、憮然として無表情の人には、話を聴いてもらいたいという気持ちは起こりません。笑顔は人と人との距離を縮めて、人間関係を円滑にする手段とも言えるでしょう。

　そして、笑顔にはもう1つ素晴らしい効果があります。笑顔は、相手の心を和ませるだけではなく、笑顔になった人自身にもポジティブな感情をもたらすことがわかってきました。つまり、楽しいから笑顔になるのではなく、笑顔になるから楽しいという感情が生まれるのです。つまらない表情をしていたら、気持ちも暗くなってしまうでしょう。

　笑顔でいることで、相手の気持ちも、そして自分の気持ちも、明るくなるのです。

3つの笑顔を使い分ける

　無理に笑顔をつくろうとしなくても、口角（唇の両端）を少しだけ上げることをいつも意識してみましょう。それだけで、普段の表情が柔らかくなります。

　会話での笑顔は、前歯が見え隠れする程度に口を開きましょう。上唇が前歯に覆い被さったままでは、表情だけでなく、話し方にもメリハリが出せません。声がこもってしまい、言葉も不明瞭になるので注意しましょう。明るく挨拶をするときなどは、さらに上唇を上げて、前歯を見せるぐらいの笑顔がよいでしょう。

　笑顔は、単なる表情の1つではなく、援助の現場に欠かせないコミュニケーションのスキルです。笑顔のレパートリーを増やして、場面に応じた笑顔を使い分けましょう。

3つの笑顔

1 口角を上げるだけの
笑顔

2 前歯を見え隠れさせる
笑顔

3 前歯を見せる
笑顔

基本の表情　　**会話での笑顔**　　**挨拶するときの笑顔**

マスクを着用する機会が多い援助の現場では、目元も意識することが大切です。口元がマスクで隠れていても、目が優しい印象になるように鏡でチェックしておきましょう。

↗ スキルアップ

笑顔のウォーミングアップ

「うーいー」と発音してみましょう。「うー」では口をすぼめ、「いー」では口を横に広げます。「うーいー」の発音を繰り返すと、表情筋がゆるんで口角が上がりやすくなります。
自然な笑顔になるように、仕事を開始するときや、援助の対象者との会話の前に「うーいー」を数回繰り返してみましょう。

🔑 笑顔

表情②

誤解を招く表情に
注意しよう

人類共通の6つの表情

　顔の表情には、そのときの感情が表われます。嬉しいときには笑顔になったり、怒っているときには眉間にしわが寄っていたりします。自分の感情を誰かに伝えたくて、意図的に表情をつくることもあるでしょう。一方で、無意識のうちに、そのときの感情が表情に表われていることもあります。「顔に出ているよ」「言わなくても顔に書いてある」などと指摘されてはじめて、自分の感情が、表情に映し出されていることに気づくこともあるでしょう。

　表情から、その人の感情を推察することを**表情判断**と呼びます。心理学者のエクマン（Ekman, P.）は、「喜び」「驚き」「恐れ」「悲しみ」「怒り」「嫌悪」は人類に共通して見られる表情であり、それゆえに表情の解読も人類共通だと考えました。それを実証するため、それぞれの表情をした人物の写真を見せて表情判断してもらう調査を行った結果、異なる文化であっても、表情判断はほぼ一致していたと報告されています。

混同されやすい表情と混同されにくい表情

　確かに明るい笑顔を見れば、相手が喜んでいることがわかるでしょう。ところが、すぐに見分けられない表情も実際にはあります。目の前にいる相手の表情が、怒っているようにも、嫌がっているようにも見えて、判断できずに戸惑った経験のある人もいるはずです。

　心理学者のウッドワース（Woodworth, R. S.）は、感情表出するときの表情は連続していると考え、「愛」「驚き」「恐れ」「怒り」「嫌悪」「軽蔑」という順で一直線上に表情を位置づけました。そして、隣り合う表情は混同されやすく、離れている表情は混同されにくいと考えたのです。例えば、「怒り」の表情は、隣り合っている「恐れ」や「嫌悪」の表情と間違われやすく、両端に位置づけられた「愛」と「軽蔑」の表情は区別されやすいことになります。

間違われやすい「愛」と「軽蔑」

　ウッドワースが一直線上に示した6つの表情は、その後、弟子のシュロスバーグ（Schlosberg, H.）によって円上に位置づけられました。両端に位置づけられていた「愛」と「軽蔑」の表情が、実は隣り合っていることを見出したからです。

　援助職にとって基本の表情である「愛」の表情は、驚いているようにも軽蔑しているようにも見えることになります。そのときの状況や相手の心情によって、援助職の不用意な笑顔が、「鼻で笑われた」「人をばかにしている」などの誤解を招くこともあるのです。

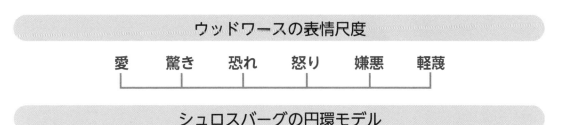

ウッドワースの表情尺度

| 愛 | 驚き | 恐れ | 怒り | 嫌悪 | 軽蔑 |

シュロスバーグの円環モデル

ウッドワースの表情尺度や、シュロスバーグの円環モデルは、感情表出の表情はそれぞれ独立しているのではなく、連続しているという考えに基づいています。

表情③
共感は、
表情と言葉で伝えよう

▌相手の感情に寄り添う共感

　援助の対象者への共感は、対人援助職の専門性の1つと言っても過言ではないでしょう。

　共感とは相手の抱いている感情を把握して、その感情に寄り添うことです。話の内容や非言語的な手がかりから、援助の対象者が抱いている感情を把握したら、その感情をそのまま受けとめて理解を示しましょう。

　共感していることを相手に伝えるときに、私たちはつい「わかる、わかる」「その気持ち、よくわかります」などの表現を使いがちです。「わかる、わかる」という言葉は、「あなたの気持ちがわかった」という自分の状態を伝えるだけで、どのようにわかったのかは相手に伝わりません。安易にわかると言われると、「本当に私の気持ちを理解できたのだろうか」と、かえって相手を不安にさせてしまうこともあります。

▌共感の効果的な伝え方

　では、どうしたら効果的に共感を伝えることができるのでしょうか。

　1つは、言葉による方法があります。例えば、「今、悲しい気持ちでいっぱいなのですね」などと、援助職が把握した相手の気持ちを言葉で伝えます。これは、共感していることを表現するためのコミュニケーション技法であり、**共感的応答**とも呼ばれています。

　もう1つは、表情や姿勢、動作などの非言語的な方法です。例えば、深い悲しみの感情を抱えている人に、援助職がその悲しみを共に感じようとする表情を向ければ、相手は「私の気持ちを理解してくれた」「一緒に悲しんでくれている」と受け取ることができるでしょう。言葉がなくても、援助職の表情から共感していることが伝わるからです。

言葉と表情を一致させる

　言葉で共感を伝えるときも、相手の心情に合わせた表情や動作を心がけましょう。

　悲しいときにニコニコとした笑顔で「今、悲しい気持ちなのですね。よくわかります」などと言われても、自分のつらい気持ちをわかってもらえたとは思えないでしょう。悲しみを和ませたいという援助職の想いが込められた笑顔でも、「他人事だから笑っていられる」などの不信感や、「悲しんでいる私のことを鼻で笑った」などの誤解を与えてしまうこともあるのです。

　共感的な言葉に、共感していることが伝わる表情が伴うことで、相手の気持ちに効果的に寄り添うことが可能になります。

共感を伝える表情

相手が怒っていたら	➡	怒りを真摯に受けとめる真剣な表情
相手が悩んでいたら	➡	悩み事を共有して一緒に考えようとする表情
相手が悲しんでいたら	➡	悲しみを共に感じようとする表情
相手が喜んでいたら	➡	一緒に喜ぶ表情、喜びを共有できて嬉しい表情

反応に困るときに笑い顔でやり過ごそうとすると、相手を混乱させてしまいます。状況によっては軽蔑の表情と誤解されてしまうので注意しましょう！

表情④
相手の表情に同調してみよう

表情を模倣して感情を理解する

　会話中に相手が笑顔になると、自然と自分も笑顔になっていることがあります。笑顔に限らず、無意識のうちに相手と同じ表情になり、一緒に怒ったり、困ったりすることは珍しいことではありません。援助の対象者の悲しい表情を見ているうちに、気づいたら自分も同じような表情になっていたという体験を持つ援助職も少なくないでしょう。

　相手の表情と一致した表情が自発的に生じる現象のことを**表情同調**、あるいは**表情模倣**と呼びます。表情同調は、友好的な関係の人との会話においてよく見られる傾向があり、信頼できない相手との会話では起こらないことがわかっています。

シミュレートするスキル

「相手と同じ表情になるのは、その人の気持ちを共有しているから」と私たちは考えがちですが、近年の研究によって、「相手と同じ表情になるから、その人の気持ちが共有できる」ことが明らかになってきました。

　相手と同じ表情になることで、自分のなかに特定の感情が生まれます。これは表情をつくることで感情が生起するという顔面フィードバック仮説（p.50）によって説明される考え方です。表情を模倣したときに、自分のなかに生まれた感情こそが、相手が抱いている感情と言えるでしょう。表情同調によって、自分とは異なる人の感情を自分事のようにシミュレート（経験）することで、相手の気持ちに対する理解が促進されるというプロセスが解明されつつあります。

　自分の表情を媒介として、相手の感情をシミュレートするスキルこそが、セルフ・モニタリングにおける感受性（p.38）と言えるでしょう。

表情同調が感情理解を促進するプロセス

| 表情同調（表情模倣） | 相手の表情と自分の表情を一致させる |

| 顔面フィードバック仮説 | 表情の模倣によって、特定の感情が生まれる |

| シミュレートする | 相手の感情を自分事のように経験する |

| 他者の感情理解 | シミュレートした結果をもとに、相手の感情を推察する |

援助職の意図的な表情同調は、相手の気持ちを理解することに役立つとともに、援助の対象者に対しては、援助職の共感を効果的に伝える非言語的手がかりになるのです。

COLUMN ミラーニューロン・システム（MNS）

　表情同調の効果は、ミラーニューロン・システムによっても説明されます。ミラーニューロンは、1996年にパルマ大学で発見されたまったく新しいタイプの脳神経細胞のことです。

　この神経細胞は、「他者がある行為を実行するのを観察するとき」と、「自分がその行為を実行するとき」のどちらにも共通して活動することからミラーニューロンと名づけられました。**ミラーニューロン・システム**（mirror neuron system：MNS）を通して、観察した他者の行為が、あなたの脳内でシミュレートされていることによって、他者の意図を理解することが可能になると考えられています。

表情⑤
笑顔の意図に注意しよう

相手の顔色を読むコツ

　私たちは、相手の表情から多くの情報を得ようとします。

　顔全体の表情から感情が伝わってくることもあれば、目、口（唇）、鼻、頬、額、眉などの顔のパーツが、その人の心の動きを表わすこともあります。ただし、それぞれのパーツの動きが何を意味するのかは、すべての人に共通しているとは限りません。例えば、会話のなかで、相手の目が泳いだ、相手が口をキュッと固く閉じた、などの動きに気づいても、それが意味することを安易に推測するのは危険です。普段から、どのようなときに、どこに感情が表われるのかを観察して、その人ならではの癖を知っておきましょう。

自衛的な笑いに注意

　どのようなときに笑うのかにも、その人の癖があります。笑顔は本来、嬉しいときや楽しいときに見られるはずの表情です。子どもの可愛いしぐさを見て思わず微笑んだり、嬉しいときに満面の笑みになっていたりすることがあるでしょう。これらは本能的な、自然発生的な笑いです。

　ところが、笑顔は何らかの意図を実現するための手段になることがあります。例えば、相手との関係を維持するための「社交的な笑い」や「作り笑い」、恥ずかしい感情から起こる「照れ隠しの笑い」などです。これらの**手段的な笑い**は、知らず知らずのうちに経験から身につけた、無意識的につくられる表情と言えるでしょう。

　援助の対象者のなかには、笑いによって心を隠そうとする人もいます。苦々しい気持ちを隠す笑い、困惑したときの笑い、ごまかそうとする笑い、落胆や諦めの気持ちから起こる笑いなど、心を隠すための手段的な笑いを**自衛的な笑い**と言います。

　相手の自衛的な笑いに気づかずに、援助職もつられて笑ってしまうと、それは軽蔑の表

情と誤解されかねません。相手の笑い顔は、自然発生的な笑いなのか、それとも気持ちを隠すための笑いなのかを、慎重に観察してみましょう。そのときの状況や、相手の動作や姿勢など、表情以外の部分にも注目することが大切です。

自然発生的な笑いと手段的な笑い

自然発生的な笑い

「感動の笑い」「満足感の笑い」「安堵の笑い」

自然の笑みの表情は、頬にある筋肉（大頬骨筋）が口角を上に引き上げることによって生じる。この筋肉の強い収縮によって、頬が上に引き上げられ、唇が引っ張られ、目の下の皮膚がふくらみ、目尻に小じわがつくられる

手段的な笑い

- 関係を維持しようとするための「社交的な笑い」「愛想笑い」「作り笑い」
- 心を隠すための自衛的な「照れ笑い」「照れ隠しの笑い」「苦笑い」「困惑の笑い」「ごまかし笑い」「落胆の笑い」「諦めの笑い」

つくった笑いの表情は、大頬骨筋を無理に引っ張るので、バランスを欠いた非相称的な顔になりがち。目の周りの筋肉（眼輪筋）は意識して動かすことができないため、目が笑っているかどうかが、笑いを見分けるヒントになる

笑いのなかで、もっとも分量的に多いとされているのが、関係を維持しようとするための「社交的な笑い」や「愛想笑い」などです。日常生活における笑いの約8割を占めるとも言われています。

表情で伝えよう

- 援助の対象者とかかわるときの表情は笑顔が基本
- 口角を少しだけ上げることを意識すると、普段の表情が柔らかくなる
- 笑顔のレパートリーを増やして、場面に応じた笑顔を使い分ける
- ただし、援助職の不用意な笑顔は誤解を招くこともある
- 共感を伝えるときは、相手の心情に合わせた表情や動作を心がける
- 援助職の意図的な表情同調は、相手の気持ちを理解することに役立つ

相手の表情を受けとめよう

- 顔全体や顔のパーツの動きなどを観察して、その人の癖を把握する
- 相手の目が笑っていないときは、自衛的な笑いの可能性がある

COLUMN

好きは口元、嫌いは目元に表われる

　私たちの表情は、顔面にある表情筋という筋肉によって形作られます。

　好意的感情を持ったときは頬の筋肉（大頬骨筋）が活性化し、嫌悪的感情を持ったときは眉間の筋肉（皺眉筋）が活性化することがわかっています。つまり、その人の頬の動きを見ることでポジティブな感情の有無がわかり、眉の動きを注意深く見ればネガティブな感情の有無がわかるのです。

　マスク着用時は頬や口元が隠れてしまうため、大頬骨筋の動きがわかりません。その一方で、目元や額に表われた動きは、マスクの着用時でもちゃんと相手に見えています。眉間にしわを寄せる癖のある人は、誤解を招く要因にならないように注意しましょう。

Work 感情当てゲーム

ワーク

表情に感情を表出したり、表情から感情を解釈したりすることの難しさを体験するためのペアワークです。

1. 2人一組のペアをつくり、AさんとBさんを決めてください。

2. Aさんは、以下の感情リストから、表情を1つ選んでください。
   Aさんはマスクを着用して、あるいは顔半分（鼻と口元）をノートなどで隠した状態で、Bさんの前でその感情を表わす表情をつくります。

感情リスト

喜び、悲しみ、怒り、驚き、疑い、焦り、恐怖、軽蔑、拒絶、不安、安心、幸福

3. Bさんは、Aさんの表情から、Aさんが選んだ感情を当ててください。

4. Bさんが正解できたら、Aさんは感情リストから別の感情を選んで、2～3を繰り返します。2分経過したら中断します。

5. 役割を交代して、2～4を行います。

6. このワークを行った感想や気づきを話し合ってみましょう。

目線・視線①

目力をアップさせよう

目は口ほどにものを言う

「目は心の窓」「目は心の鏡」などと言われるように、相手の目を見ると、その人を知るための多くの情報を得ることができます。私たちの目は意思を表示したり、感情を表現したりするときの重要なツールです。「目は口ほどにものを言う」どころか、その人が口で説明してくれない心のうちを目が伝えてくれることもあるのです。

　本来、表情は額、目、頬の3つの領域の組み合わせによってつくられますが、日本を含む東アジア文化圏の人々は、特に目を重視することが報告されています。相手の目を見てその人の感情を読み取ろうとしたり、目を通して自分の気持ちを伝えようとしたりすることは、日本人にとって日常的なコミュニケーションの方法と言えるでしょう。

目力とは目の表情のこと

　一般的に、目の表情や視線が他人に与える印象のことを目力と表現します。視力は対象物を見る力のことですが、目力は見ている人に目が訴える力を意味し、その人の意思や内面の強さなどが現れているように感じさせる目の表情が目力です。普段から物事をよく観察している人や、熱意を持って人と向き合ったり、行動したりする人に目力の強さを感じることが多いでしょう。

　目力をアップさせるためには、自分自身の内面を磨くことも大切ですが、まずは目を良好な状態にする必要があります。疲れてショボショボした目や、寝不足でトロンとした目には力を込めることはできません。無理に目を大きく開こうとしなくても、見ようとするものに視点を定めて、集中して意識を向けるとよいでしょう。ただし、人を見るときには、じっと凝視すると威圧感を与えてしまうので注意が必要です。p.94で、視線の適切な活用について学びましょう。

表情をつくる顔面の3つの領域

表情分析で有名なエクマン（Ekman, P.）とフリーセン（Friesen, W. V.）は、顔面を額領域、目領域、頬領域の3つに分け、3領域の組み合わせにより表情の違いを解明した

額領域	眉より上、髪の毛の下の部分
目領域	目と目周辺の表情筋の部分
頬領域	目から下、頬、鼻、口の部分

怒りの表情

額領域
目領域
頬領域

怒りの表情であれば、額領域では両眉が中央に寄り、眉間には縦じわができます。同時に、目領域では上まぶたが中央に向かって下がった逆ハの字になり、頬領域では鼻孔が広がり、口は固く閉ざされるか、突き出されることが多いでしょう。

目線・視線②
目線で対等な関係を示そう

関係性を示す目線

　目線とは、相手と接するときの目の高さのことです。私たちの目そのものにも意思や感情を表現する力がありますが、目線は相手と対面した際に、どちらが上か、下か、あるいは同じ高さかによって、その人との関係性を表わします。

　私たちは、年齢や地位が自分より上の人のことを「目上の人」と表現します。この表現には、自分の目より上の、見上げるような存在という意味があります。実際に、目上の人に深くお辞儀をするのは、その人より低い目線になることで自分の立場を示して、相手に対する敬意を表わすからです。

　それに対して、年齢や地位が自分より下の人のことを「目下の人」と表現します。実際には下の立場にある人が、まるで自分のほうが上であるかのような言動をすると、「上から目線」と言われてしまうのです。

基本は同じ高さの目線

　援助を提供する側にいる人が「上から目線」で接すれば、援助を受ける側は、2人の間に上下関係を感じてしまうでしょう。援助職と援助の対象者との間に、年齢の差はあっても立場の上下関係はないはずです。

「あなたと私は対等な関係です」などと言葉で伝えるより、もっと効果的にメッセージを伝達する方法があります。それは、実際に相手と接するときの目線です。相手が座っているときは、自分も椅子に座って目線を同じにしましょう。援助職の目線が高いままでは、上から相手を見下ろす目線となり、威圧感や緊張感を与えてしまうのです。

　p.91のワークで、目線の違いから受ける印象を体験してみましょう。

Work　3つの目線

ワーク

目の高さの違いから受ける印象を体験するためのペアワークです。

1. 2人一組のペアをつくり、AさんとBさんを決めてください。

2. Aさんは、椅子に座ります。
   Bさんは、Aさんに3つの目線で「こんにちは。担当の○○と申します。
   ご用件をお伺いします」と伝えます。

上からの目線	Aさんの前に立ち、立ったまま伝えます
同じ高さの目線	Aさんと向かい合って椅子に座り、座ったまま伝えます
下からの目線	Aさんの前にしゃがみ、その位置から伝えます

3. 役割を交代して、2を行います。

4. このワークを行った感想や気づきを
   話し合ってみましょう。

ベッド上の人と接するときなどは、できるだけ目線を近づ
けるように心がけましょう。そのちょっとした心遣いが、話
しやすい雰囲気をつくります。

目線・視線③

アイコンタクトを上手に活用しよう

視線によるコミュニケーション

　視線とは、目の方向のことです。私たちは苦手な人や不快に感じるものからは無意識に視線をそらし、かかわりを持ちたくないという意思を示します。逆に、好意を抱いている人や興味関心のあるものには自然と目が向きます。目の向きには、その人が求めていることがダイレクトに表われるのです。

　出会いの場面では、相手に視線を向けてアイコンタクトをとることで、良好な関係をつくろうとする意思を伝達することができます。**アイコンタクト**とは、意図的に自分の目の方向をコントロールして、相手と視線を合わせることです。

　アイコンタクトは、互いに相手に目を向けなければ成立しません。援助職が肯定的な関心を持って相手を見ると同時に、援助の対象者も、援助職の目を見てメッセージを受け取ります。瞬時に行われる双方向のコミュニケーションが、アイコンタクトなのです。

アイコンタクトの目的

　出会ったときのアイコンタクトが成立すると、その日に相手との関係が始まり、その後の会話もスムーズに進みます。それは、目と目を合わせることによって、互いに良好な関係を求めていることが確認できるからです。

　では、会話のなかでのアイコンタクトには、どのような目的があるのでしょうか。

　話し手がアイコンタクトをとるときは、聴き手の目を見ることで、自分の話に関心を持ってくれているか、あるいは自分の意思や気持ちが正しく伝わっているかなどを確かめる目的があります。一方で聴き手は、話し手とアイコンタクトをとることで、話をちゃんと聴いているというメッセージを伝えます。会話では、話し手と聴き手がそれぞれの目的を持ってアイコンタクトをとっているのです。

視線の機能

認知機能	相手に注意を向けていることを示す
表現機能	相手に対する態度や感情を伝達する
モニター機能	自分の働きかけに対する相手の反応を読み取る
調整機能	話し手と聴き手の役割を交替する合図になる (p.116)

相手とまったく目を合わせようとしなかったり、アイコンタクトをとっても視線をすぐにそらしたりするのは、かかわりを拒否、あるいは回避しようとする行為と受け取られる危険性があります。アイコンタクトが苦手な人は、p.96で自然な目のやり場を学びましょう。

COLUMN

アイコンタクトはOKのサイン

　アイコンタクトは、相手を受け入れる態勢が整ったときのサインにもなります。
　例えば、会議などの場面で参加者の意見を求めるとき、司会者は出席者1人ひとりの顔を見て、指名する人を探します。そのとき、発言する準備ができている人は司会者と目を合わせようとするでしょう。その一方で、指名されたくない人は伏し目になったり、司会者と目が合ってもすぐにそらしたりします。積極的なアイコンタクトは、相手を受け入れる準備ができているサインになるのです。
　Zoomなどを利用したテレビ会議では、対面のときよりも相手の目の動きや表情の変化がわかりにくいと感じる人が多いようです。意見をするときには、非言語的なサインとともに、「発言してもよろしいでしょうか？」という一言で発言のタイミングをつかみましょう。

目線・視線④

視線を合わせる
タイミングをつかもう

アイコンタクトで始まり、アイコンタクトで終わる

　視線には、会話を調整する役割があります。

　相手に話しかけるときや、会話を始めるときには、アイコンタクトをとりましょう。相手と目を合わせることで、コミュニケーションを開始するサインになります。話をしている間は、そのまま目を見続けるのではなく、相手の顔から胸元までの上半身全体を見てアイコンタクトを少なくします。話し終わったら、アイコンタクトで相手の反応を確認するとよいでしょう。相手の目を見ることで、「今度はあなたが話してください」という合図にもなります。

短すぎず、長すぎないアイコンタクト

　では、目と目を合わせたら、いつまで視線を合わせ続ければよいのでしょうか。

　短すぎるアイコンタクトは、落ち着きのない印象を与えます。目が合った瞬間に、援助職がすぐに視線をそらせば、相手はよい気持ちはしないでしょう。「私には関心がないのかな」「私は拒否されているのだろうか」などと相手を不安にさせてしまいます。

　逆に、ずっと視線を合わせたまま会話を続ければ、多くの人は緊張してしまうでしょう。長すぎるアイコンタクトは、威圧感や居心地の悪さにつながりかねません。

　短すぎず、長すぎないアイコンタクトを心がけましょう。まったく目と目を合わせないのは不自然ですが、だからといって相手とずっと視線を合わせている必要はないのです。一般的な会話において、互いにアイコンタクトをとる時間は全体の50％程度と言われています。視線を合わせている時間と、視線を合わせていない時間が同じくらいであれば、適切なアイコンタクトと言えるでしょう。

リラックスできる90度法

　適切なアイコンタクトのためには、座り方も工夫するとよいでしょう。

　相手と向かい合って座る**対面法**では、互いの顔を見て、視線を合わせたまま会話をする位置関係になるため、相手も、そして自分も緊張してしまいがちです。リラックスして会話をするときには、視線を合わせたままではなく、自然にそらすことができる**90度法（直角法）**が適しているでしょう。相手の斜め45度の位置に座ると、少しだけ相手のほうに顔を向ければ視線を合わせることができ、顔を元に戻せば自然に視線をそらすことができます。視線を合わせることが苦手な人の場合、援助職がその人の隣に位置をとる**180度法**で座ると、無理に視線を合わせなくても、相手に寄り添うことが可能になります。

　p.101のワークで、座り方の違いから受ける印象を体験してみましょう。

会話でのアイコンタクト

相手に話しかけるとき	アイコンタクトをとる

話をしている間	アイコンタクトを少なくする

話し終わったとき	アイコンタクトで相手の反応を確認する

 同時に「今度はあなたが話してください」という合図になる。

相手が話し始めたとき	アイコンタクトで「あなたの話を聴きたい」というメッセージを伝える

基本的なタイミングをつかんだら、そのときの話題や状況に応じて、変化させてみましょう。相手のアイコンタクトのタイミングに合わせてみるのもよいでしょう。

目線・視線⑤

自然な目のやり場を見つけよう

好印象を与える逆三角形の領域

　援助の対象者との会話で、あなたは相手の顔のどの辺りを見ていますか？

　あなたの視線がどの辺りに集中しているのかによって、相手に与える印象は大きく変わります。相手を緊張させてしまうのは、目をじっと見つめているときだけではありません。額の真ん中と両目を結ぶ三角形の領域は、相手に抑圧感を与える**権力ゾーン**と呼ばれています。会話において優位に立とうとする人は、相手の顔のこの領域に視線を集中させがちです。眉毛や額の辺りを見ながら話をすると、あなたの視線が権力ゾーンに入るため、相手は強い緊張を感じるでしょう。

　同じ三角形でも、両目と口を頂点にした逆三角形の領域は**社交ゾーン**と呼ばれています。この逆三角形にそって視線をゆっくり動かすと、話し手も聴き手もリラックスして会話できることがわかっています。相手の片方の目に視線を置いて数秒から十数秒したら、ゆっくりと口元に視線を移します。間をとって、今度はもう片方の目に視線を動かしてみましょう。バランス良く相手の目と口元を見ることで、互いに負担を感じない視線の範囲になります。

目を見ることが苦手な人の裏技

　社交ゾーンの逆三角形にそって視線を動かすと、相手と目を合わせたり、そらせたりすることが自然にできます。それでも、「相手の目そのものを見ることが苦手」という人もいるでしょう。相手の目を見ることができないと、自分の目のやり場に困ってしまい、何となく資料に視線を向けたまま、あるいは、目を閉じたまま話を聴くことになりがちです。まったく目を見ないのは不自然ですが、だからといって無理に相手の目をじっと見ようとすれば、相手だけでなく、自分も緊張を高めてしまうでしょう。

　目を見ることに苦手意識を持っている人は、相手の目よりもやや下の辺りを見るとよいでしょう。実際には、目と目を合わせていなくても、相手からは視線が合っているように見えるので自然な目のやり場になります。

会話中に見ている顔の領域

権力ゾーン
この領域を見ながら話をすると、
相手は強い緊張を感じる

社交ゾーン
この領域を見ながら話をすると、
互いにリラックスできる

アイコンタクトは、相手に対する肯定的な関心を伝えます。その一方で、私たちは相手に敵意を持っているときにも相手の目を見る傾向があります。視線を向けるときは、相手を不快にさせないように気をつけましょう。

目線・視線⑥
相手の目に注目しよう

目は表情判断の決め手

　表情判断をするときに、大きな役割を果たしているのが目です。人の顔を見るとき、私たちは自然と相手の目に視線を向ける傾向があることがわかっています。これは人間に生まれつき備わっている習性と考えられており、相手の顔のなかでも特に目を見て、私たちはその人の感情を判断しているのです。

　「顔は笑っているけど、目が怒っている」「表情は平静を装っていたけど、目が悲しそうだった」のように、顔の表情に見られる感情と、目に表われた感情が一致していない場合、私たちは目から伝わってくる感情のほうを重視します。それは、「目は心の窓」「目は心の鏡」などと表現されるように、目にその人の心のなかが映し出されていることを私たちは知っているからです。作り笑いやポーカーフェイスのように、意識的につくった表情で本心を隠そうとしても、相手の目が表情判断の決め手になるのです。

目の動きから読み取る

　さらに相手の目の動きからは、その人の思考傾向や心理状態を知ることもできます。目の動き（眼球運動）から心理状態を知る研究方法を**視線解析**と言います。

　相手が頭のなかで何かを考えているとき、その人の目がどの方向に動くのかに注目してみましょう。通常、上方向に目が動く人は、視覚的なイメージを通して物事を理解したり、表現したりする傾向があり、水平方向に目が動く人は聴覚的なイメージを通して、下方向に目が動く人は身体感覚のイメージを通して物事を理解・表現すると考えられています。

　私たちは映像や音、身体表現のイメージすべてを使って情報を処理していますが、どのイメージが主に活用されるかは人によって異なります。相手の目の動きを観察すると、その人の情報処理の仕方を知るヒントになるでしょう。

情報処理の仕方に合わせたコミュニケーション

上方向に目が動く人

視覚的なイメージを通して物事を理解・表現する人には、図や絵などの視覚情報を活用する

水平方向に目が動く人

聴覚的なイメージを通して物事を理解・表現する人には、話し方や音の聴覚情報を活用する

下方向に目が動く人

身体感覚のイメージを通して物事を理解・表現する人には、身振り手振りや身体表現を活用する

上向き

横向き

下向き

相手の目を観察することで、その人が物事をどのように理解したり、表現したりする傾向があるのかを知る技法を、**アイ・アクセシング・キュー**と呼びます。

視線解析

目線・視線で伝えよう

- 目力をアップさせるためには、まずは目を良好な状態にする
- 目線を同じにすることで、対等な関係であることを示す
- アイコンタクトのタイミングは、話しかけるときと話し終えたとき
- アイコンタクトは、短すぎず、長すぎず
- リラックスして会話をするときには90度法（直角法）が適している
- 両目と口を頂点にした逆三角形の社交ゾーンにそって視線をゆっくり動かす

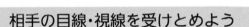

相手の目線・視線を受けとめよう

- 顔の表情だけでなく、目の表情からも、感情を判断する
- 目の動きを観察し、その人の情報処理の仕方に合わせて働きかける

▲ スキルアップ

1対2でのアイコンタクト

1対1の会話では、援助の対象者と視線を合わせたり、そらせたりすることで自然なアイコンタクトが可能になりますが、2人（あるいはそれ以上の人数）と同時に会話をする場合には、2人の顔を交互に見ながら話すように心がけましょう。相手の目を見て話しかけると、どちらに話しかけているのかが明確になります。

2人のうちのどちらかが話し続けているときは、援助職は、話し手に視線を向けて「聴いています」というサインを出しましょう。同時に、話していない人への配慮も欠かせません。話の区切りがついたところで、今度は話していない人に視線を向けてみましょう。アイコンタクトをとってから、その人にも発言を促したり、質問をしたりすると、コミュニケーションを促進することができます。

Work 3つの座り方

ワーク

座り方の違いから受ける印象を体験するためのペアワークです。

1. 2人一組のペアをつくり、互いに向き合う対面法で座ります。

座ったまま、以下について話し合ってみましょう。
①対面法で座ると、どのような印象を受けるか。
②対面法はどのような場面、どのような人との会話に適しているか。

対面法

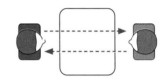

2. 次に、斜め45度の位置で座る90度法（直角法）で座ります。

座ったまま、以下について話し合ってみましょう。
①90度法（直角法）で座ると、どのような印象を受けるか。
②90度法（直角法）はどのような場面、どのような人との会話に適しているか。

90度法（直角法）

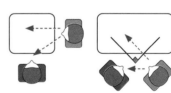

3. 最後に、相手の隣に座る180度法（並行法）で座ります。

座ったまま、以下について話し合ってみましょう。
①180度法（並行法）で座ると、どのような印象を受けるか。
②180度法（並行法）はどのような場面、どのような人との会話に適しているか。

180度法（並行法）

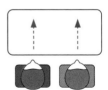

姿勢①

オープンな姿勢を つくろう

姿勢は目に見える心の在り方

　姿勢とは動きのない静的な身体反応のことであり、身体の構えのことです。「前向きの姿勢」という言葉は、プラス思考で、物事に積極的に取り組むようなポジティブな態度を意味しますが、そのような態度の人は、実際に「前向きさ」が身体の姿勢にも表われています。前向きな姿勢の人が、いつも胸を張って堂々としているように見えるのは、背筋をピンと伸ばして安定した姿勢になっているからです。目で見ることのできない心の在り方は、目に見える身体反応などに自然に表われると言えるでしょう。

相手に対する構えを表現

　援助職に望ましい姿勢は、相手との間に壁をつくらない自然なオープン・ポジションです。

　オープン・ポジションはオープンの姿勢とも呼ばれており、相手に対して関心を持ち、心を開いている印象を与える姿勢のことです。座って話を聴くときには、身体を左右に曲げたりせず、姿勢を安定させて、手は自由に動かせるように膝の上や机に添えます。

　オープン・ポジションに対して、心を閉じている印象を与える姿勢をクローズド・ポジションと言います。背を丸めたり、腕や脚を組んだりする姿勢は、身体を閉じて相手を拒否している雰囲気をつくります。

　心理学者のマクギンリー（McGinley, H.）らの研究によると、話を聴いている人の姿勢を比べたとき、話し手からの評価が良かったのはオープン・ポジションであることが報告されています。さらに説得場面においては、クローズド・ポジションよりも、オープン・ポジションのほうが、より相手に態度変容を喚起させることが明らかになりました。

　猫背や腕組み、脚組みが自分の癖になっていると、知らず知らずのうちにクローズの姿勢になりがちです。相手を受け入れるオープンの姿勢をいつも心がけましょう。

オープン・ポジションとクローズド・ポジション

オープン・ポジション（オープンの姿勢）

心配なことがあれば
お話してください。

- 背筋を伸ばす
- 身体を安定させる
- 手は自由に動かせるように膝や机の上
- 適度に礼儀正しく好印象
- 自然体でリラックスした雰囲気

クローズド・ポジション（クローズの姿勢）

心配なことがあれば
お話してください。

- 背を丸める
- 身体を左右に曲げる
- 腕や脚を組む、手のひらを隠す
- 防衛的な印象
- 相手を拒否している雰囲気

自信を持って堂々として見えるのは、オープンな姿勢の援助職です。適度な礼儀正しさとリラックスした雰囲気が、相手に安心感を与えます。

姿勢②
会話の一体感を
生み出そう

聴きたい気持ちを伝える姿勢

　援助の対象者の話を聴くときは、オープン・ポジションを基本にして、さらに相手のほうに少しだけ身体を傾けてみましょう。あなたが話に関心を持って、耳を傾けていることが効果的に伝わります。

　相手の話を熱心に聴こうと心のなかで思っていても、聴き手の姿勢が悪ければ、その気持ちは相手に伝わらないこともあるでしょう。援助職の姿勢がクローズド・ポジションでは、相手は話しにくさを感じて、話す意欲を低下させてしまうかもしれません。その一方で、オープンすぎる姿勢にも注意が必要です。椅子の背にもたれかかって、脚を投げ出すような姿勢は、だらしのない態度や横柄な態度と受け取られてしまうので注意しましょう。

ミラーリングで波長を合わせる

　傾聴するときの姿勢では、ミラーリングも活用してみましょう。**ミラーリング**とは、相手の動作や姿勢をまるで鏡に映したかのように真似る技法です。

　私たちは、自分とどこか似ていると感じる人に親しみを覚えます。自分と共通の性質を持った人に対して、親近感や好意を抱くことを**類似性の要因**と言います。ミラーリングは、意識して相手と同じになることで、類似性をつくりだす手段なのです。

　例えば、会話の途中で相手が身を乗り出すような姿勢になったら、あなたも同じように身を乗り出してみましょう。相手の手の位置が机の上から膝の上に変わったら、あなたの手も同様に膝の上に移動させてみましょう。つまり、相手をよく観察しながら、さり気なく自分も同じ姿勢になるのです。わざとらしく真似ると、相手は当然不快に思うでしょう。相手の姿勢に変化が見られたら、慌てずに、自然なタイミングでミラーリングしてみましょう。すべてを完璧に真似なくても、できる範囲で相手に合わせるのがコツです。

聴きたい気持ちを伝える3つのポイント

- 背筋を伸ばして姿勢を安定させて、手は自由に動かせるように 膝の上や机に添える ＜オープン・ポジション＞

- 少しだけ相手のほうに身体を傾ける ＜前傾姿勢＞

- 相手の動作や姿勢をさり気なく真似る ＜ミラーリング＞

さらに話の内容に合わせた表情（p.81）と、話を促すうなずきの動作（p.114）が加わると、相手は安心して話をすることができるでしょう。

COLUMN

無意識的なミラーリング

　ミラーリングは、日常の場面で自然に見られる現象です。例えば、親しい友人や家族との会話では、知らず知らずのうちに相手と同じ姿勢になっている自分に気づくことがあるでしょう。姿勢だけでなく、相手の笑顔につられて自分も笑顔になっていたり、相手が声を潜めて話をしていると自分も同じような話し方になっていたり、相手の口癖が自分にもうつっていたりなど、わざと真似ようとしなくても、自然と相手と同じ状態になっていることがあります。

　援助の対象者との会話においても、意識的にミラーリングを取り入れることで、親しい人との会話で感じられるような一体感や親近感を生み出すことができるかもしれません。姿勢のミラーリングが難しければ、動作のミラーリングから始めてみましょう。例えば、相手が飲み物を飲んだら数秒ずらして自分も飲む、相手が窓の外に目を向けたら自分も同じ方向を見る、などはすぐに実践できるミラーリングです。

ミラーリング、類似性の要因

姿勢③

姿勢から心理状態を読み取ろう

姿勢からわかる好き・嫌い

　私たちの感情は、顔の表情だけでなく、身体の姿勢にも表われることがわかっています。

　例えば、広い会場でプレゼンテーションや発表をするときは、話し手と聴き手との間に距離があり、相手の表情を確認することができません。そのような場面では、聴き手の姿勢を見れば、相手が肯定的なのか、それとも否定的なのかを推察することができます。

　身を乗り出すようにして聴いている人は、その姿勢から、話に興味や関心を持っていることがわかります。その一方で、腕を組んで、左右どちらかに身体を曲げている人は、「納得できない」「賛成できない」などのネガティブな心理状態である可能性が高いでしょう。

　特定の感情を判断するには顔の表情を見る必要がありますが、身体の姿勢からも好き・嫌い、肯定的・否定的などの総合的な感情は伝わってくるのです。

面談ではまず姿勢を確認

　面談を始める前に、援助の対象者の全体的な姿勢を見てみましょう。その人とどのように接して、どのように会話を進めていくかを判断するうえで、相手の心理状態を知ることは重要です。相手がリラックスしてポジティブな状態なのか、それとも緊張や不安を感じている状態なのかなどを、相手の姿勢から読み取りましょう。

　相手がオープン・ポジションであれば、リラックスして心を開いている状態です。面談が始まっても相手がオープンの姿勢のままであれば、会話に満足している、あるいは援助職に信頼を感じているのかもしれません。一方で、相手がクローズド・ポジションであれば、緊張や不安を感じている状態と考えるべきでしょう。対面法で座っていても、援助職と正対せずに、腕を組んだり脚を組んだりして、椅子に斜め座りする人もいます。そのような姿勢は、攻撃的な意志や「譲れない」という心理を反映していることが多いようです。

姿勢から緊張度を知る

　相手の姿勢を観察すると、その人の緊張状態もわかります。

「肩に力が入っている」という表現があるように、心が緊張していると、実際に身体も緊張した状態になります。手をぎゅっと固く握っていたり、ハンカチを握りしめていたりなど、緊張や不安、ストレスを感じているときは身体に余計な力が入りがちです。

　その理由には、自律神経のバランスが大きくかかわっています。自律神経とは無意識のうちに身体の働きをコントロールしている神経のことで、身体を活発に動かすときに働く**交感神経**と、身体を休めるときに働く**副交感神経**があります。普段は互いにバランスをとりながら身体の状態を調節していますが、ストレスを感じると交感神経が優位になるため、身体を緊張させる方向に働くのです。

　相手の姿勢を観察して、実際に「肩に力が入っている」姿勢だったり、身体が硬く縮こまっていたりするときは、相手の緊張を和らげるような配慮が必要です。

姿勢が示す緊張状態

- 身体の対称性 ……… 左右対称の姿勢

- 身体の傾き ………… 猫背で防衛的な姿勢、あるいは
  直立不動の姿勢になる

- 手足の開放性 ……… 腕を組む、脚を組む、あるいは
  両膝をつける

> 身体の対称性とは、身体を頭から足の先まで、真ん中に縦に線を引いたときの左右の対称度のことです。姿勢をよく観察すると、相手の心理状態を読み取るための重要な情報を得ることができます。

姿勢で伝えよう

- 相手との間に壁をつくらない自然なオープン・ポジションをつくる
- 話を聴くときはオープン・ポジションを基本にして、相手のほうに少しだけ身体を傾ける
- 相手の姿勢を、自然なタイミングでミラーリングする

相手の姿勢を受けとめよう

- 身体の姿勢は、好き／嫌い、肯定的／否定的などの総合的な感情を表わす
- 身体の姿勢には、その人の緊張状態が表われる

COLUMN

姿勢が良くなることで得られる効果

　猫背の人は、呼吸が浅くなりがちです。呼吸が浅いと、脳に酸素を十分に送ることができません。脳が酸欠の状態になると、ぼーっとしたり、集中力が低下したりするだけでなく、頭痛やめまいが起こる可能性もあるのです。

　良い姿勢は、浅い呼吸を改善する方法の1つです。背筋を伸ばして、正しい姿勢をとると、咽頭から肺まで続く空気の通り道である気管がまっすぐになります。空気の通りが良くなり、全身に新鮮な酸素が行き渡ると、頭もスッキリして集中力がアップするのです。

　また、姿勢の善し悪しは、声の善し悪しにも大きくかかわっています。猫背のまま話をすると、声がこもりがちになり、相手は心地よく聴くことができません。通る声、響きのよい声は、良い姿勢で発声することがポイントです。

Work ３つのお辞儀

ダウンロード対応

お辞儀の違いから受ける印象を体験するためのペアワークです。

1. 2人一組のペアをつくり、AさんとBさんを決めてください。

2. Aさんは背筋を伸ばしたまま腰から上体を傾けて、Bさんに3つのお辞儀をします。

軽いお辞儀……5メートル先を見るように意識して、上体を15度ほど傾けます。
普通のお辞儀…3メートル先を見るように意識して、上体を30度ほど傾けます。
丁寧なお辞儀…1メートル先を見るように意識して、上体を45度ほど傾けます。

軽いお辞儀	普通のお辞儀	丁寧なお辞儀
15度	30度	45度〜90度

3. 役割を交代して、2を行います。

4. このワークを行った感想や気づきを話し合ってみましょう。

好印象になるお辞儀のポイント
- 相手と視線を合わせてから、上体を傾ける
- 上体は、首筋・背筋が一直線になるようにする
- 上体を起こして顔を上げたら、もう一度視線を合わせる

お辞儀は単なる社交辞令や習慣と思われがちですが、お辞儀をするときの姿勢に、あなたの物事に対する取り組み方や相手に対する想いが表われます。

動作①

無自覚な手の動きに注意しよう

動作は効果的なコミュニケーション手段

動作とは、動きのある身体反応のことです。立ち居振る舞いのような身体全体の大きな動きから、身振り手振りのようなジェスチャー、話を聴いているときのうなずき、困ったときに頭をかくなどのちょっとしたしぐさも動作に含まれます。

動作は、援助の現場で頻繁に活用されている非言語的コミュニケーション手段です。「了解」という言葉の代わりに指でOK（オーケー）サインを示したり、ジェスチャーで言葉での説明を補ったりするなど、動作は日常のあらゆる場面で活用されています。

援助職が意識して活用すれば、動作は効果的なコミュニケーション手段になるでしょう。その一方で、援助職自身の癖になっている動作が、相手に意図しないメッセージを伝えてしまい、トラブルの原因になることもあるのです。

手は口ほどにものを言う

身体動作のなかで、その人の心理状態がもっとも表われやすいと考えられているのが手の動きです。手は自由に、そして細かく動かすことができる部位だからでしょう。

心理学では、手の動きをジェスチャーとアダプターに分けることがあります。

ジェスチャーとは、言葉の代わりをする動きや、言葉で語っている内容を補う動きのことです。例えば、車のハンドル操作を真似て、運転している動作を表わしたり、指で数を示したり、手でものの形や大きさを表わしたりして、話し手が伝えたいことを視覚化することで、聴き手の理解を助ける機能があります。

それに対して、**アダプター**とは話の内容には無関係の、メッセージ性を持たない手の動作です。頭をかく、髪をいじる、鼻をこする、などの自己あるいは身体的欲求を満足させる動きや、手をこすり合わせたりする動作などが含まれます。

ジェスチャーは好印象、アダプターは？

　会話中の動作がジェスチャーなのか、それともアダプターなのかによって、相手に与える印象には大きな違いがあります。

　ジェスチャーは、話し手の熱心さや、自信の程度などを判断する要因の1つです。実際に、熱心に話をする人にジェスチャーが多いことがわかっています。聴き手は、まったく動きのない話し手よりも、視覚的な手段であるジェスチャーを使ってわかりやすく伝えようとする話し手に、積極的、意欲的などの印象を抱くのです。

　逆に、会話中のアダプターは、マイナスに働きやすいことが指摘されています。話し手のアダプターは落ち着きのなさ、自信のなさ、緊張や不安の表われと解釈されやすいことが報告されているのです。

手の動作

ジェスチャー	言葉の代替として用いられる手の動き、会話のリズムや内容に伴う手の動き 例）指で人やものを指し示す、手でものの形や大きさを表わす、動きを真似る、手を振る、など
アダプター	自己あるいは身体的欲求を満足させる手の動き、ジェスチャーに当てはまらない手の動き 例）髪をいじる、鼻をこする、両手をこする、指を絡ませる、貧乏ゆすり、服を整える、腕時計やアクセサリーをいじる、など

> 言葉の代わりになるジェスチャーのことをエンブレム（表象）と言い、言葉に伴って、メッセージの内容をわかりやすくしたり、強調したりするために用いられるジェスチャーを図解的動作あるいは例示的動作と呼びます。

動作②

想いは振る舞いで伝えよう

心を伝える身のこなし

立ち居振る舞いとは、立ったり座ったりすることを意味する「立ち居」と、何かを行う様子という意味の「振る舞い」を合わせた言葉です。外見的な身体の姿勢や動作だけでなく、その人の物事に対する取り組み方を表わすものでもあります。

丁寧で礼儀正しい立ち居振る舞いからは、その人の仕事に対する真摯な態度や、相手を大切に想う気持ちが伝わります。その一方で、雑な振る舞いをする人は、仕事や人に対していい加減な、おざなりな取り組み方をする人に見えてしまうのです。バタンと大きな音を立ててドアを開け閉めしたり、ガチャガチャと音を立ててものを雑に扱ったりするなど、援助職の立ち居振る舞いが荒っぽいと、相手を思いやる気持ちは伝わりません。

「1回に1動作」が基本

ある動作をしながら、他のことを行う**ながら動作**が癖になっている援助職は、援助の対象者と接するときには「1回に1動作」を意識しましょう。自分1人で、あるいは援助職間で行う業務では、ながら動作はけっして悪いことではありません。同時に2つの動作を行うことで、多くの仕事を効率よくこなすことができるからです。ところが、ながら動作が身についていると、思いがけないところで、その癖が出てしまうことがあります。

援助の対象者に、つい歩きながら挨拶したり、作業をしながら声をかけたりしていませんか。歩きながらの挨拶や作業しながらの声かけは、ながら動作です。丁寧な言葉づかいをしていても、ながら動作では相手に敬意を払っているように見えません。

一度立ち止まってから挨拶する、一旦作業の手を止めてから声をかけるなど、それぞれの動作を分けると、相手に好印象を与えます。援助の対象者に接するときは、効率性を重視したながら動作ではなく、丁寧な印象を与える「1回に1動作」を心がけましょう。

ものを扱うときも気を抜かない

ものを扱うときは、「両手で」「ゆっくり」「静かに」を心がけましょう。

例えば、ものを渡すときには、相手が受け取ることのできる位置で受け取りやすい方向に差し出して両手で渡します。受け取るときにも、落とさないように両手で受け取りましょう。ものを置いたり移動させたりするときは、意識して大きな音を立てないようにすることが大切です。

援助の対象者の持ち物に触れるときは、特に注意が必要です。単なるものであっても、自分の所有物が雑に扱われると、自分まで雑に扱われたような気がして良い気持ちはしません。逆に、自分の所有物を丁重に扱ってもらえると、まるで自分のことまで大事にされたように感じるのです。

ものを扱うときのポイント

両手で　　　　　　ゆっくり　　　　　　静かに

ものを扱うときにNGな動作

片手でものを　　　急いでものを　　　大きな音を
渡す　　　　　　　動かす　　　　　　立てる

忙しく余裕がないときこそ、そのような自分が、相手の目にどのように映っているのかを意識しましょう。

動作③

うなずきで相手の意欲を高めよう

「うなずき」は聴いているサイン

　相手の話に熱心に耳を傾けることを**傾聴**と言います。しかし、いくら一生懸命聴こうとする気持ちを持っていても、無反応のままでは、その気持ちは相手に伝わりません。話を聴こうとする熱意を、わかりやすく話し手に伝える動作がうなずきです。

　うなずきとは、首を縦に振る非言語的な反応のことです。傾聴の基本は、うなずきなどの反応を示しながら聴くことと言えるでしょう。聴き手が何も反応を示さなければ、話し手は「聴いているのかな」「話に関心がないのかな」と不安になります。話しづらさを感じて、話す意欲を低下させてしまうでしょう。聴き手がうなずいてくれるだけで、相手は安心して話を続けることができるのです。

承認欲求を満たす「うなずき」

　うなずきは、良好な人間関係を形成するうえでも重要な役割を果たしています。なぜなら、聴き手のうなずきは「あなたの話を聴いています」というサインであると同時に、発言内容に対する承認を表わす手段でもあるからです。

　心理学者のマタラゾ（Matarazzo, J. D.）らは、面接場面において、面接官が積極的にうなずくと被面接者の発言量が増えることを実験により証明しました。発言が促進された理由として、マタラゾらは、うなずきが話し手の承認欲求を満たしたためと説明しています。うなずきには、「他者から認められたい」という**承認欲求**を満たす効果があり、その効果によって話し手の発言が促進されることがわかったのです。

　援助の対象者は、援助職のうなずきによって「自分の話が受け入れられている」ことを認識します。そして、自分の話に関心を持って耳を傾け、積極的にうなずいて承認してくれた援助職に、好意や信頼を感じるからこそ、多くを語ってくれるようになるのです。

マタラゾらの実験

実験では警官と消防士の採用試験において45分間の面接を行い、15分毎に面接官の対応を①〜③のように操作して、被面接者の発言時間を測定した

① **うなずきを制限して、**
   被面接者の話を聴く

② **話を聴きながら、**
   積極的にうなずきを繰り返す

③ **①と同様に、**
   うなずきを制限して単に話を聴く

実験の結果

- ②では、被面接者のうち85%の人の発言が増え、発言量が①より約50%も増えた

- ③では、再び発言数は減少した

スキルアップ

あいづち

傾聴しているときは、うなずきで反応を示すことを基本にするとよいでしょう。首を縦に振るだけの非言語的な反応であれば、相手の話の邪魔をしないからです。
うなずきを基本にして、その合間にあいづちを入れると、さらに効果的な聴き方になります。**あいづち**とは「ええ」「そうですね」などの短い言語的な反応のことです。話をさらに進めていくうえで、流れにリズムをつける意味を持ちます。
普段、何気なく示しているうなずきやあいづちも、意識して行うことで、効果的な傾聴のスキルになるのです。

動作④
会話の空気を読もう

動作が会話を調整する

　会話では、ジェスチャーやアダプターのほかにも、会話の開始や続行、中断あるいは話し手の交替を促す動作が見られます。会話の内容には直接的な関係はなく、会話の調整のみにかかわる動作のことを**調整的動作**と呼びます。

　調整的動作には、身体動作のほかに、視線の動きやアイコンタクトが含まれます。会話をスムーズに進めたいときには頻繁にうなずく、逆に会話を止めたいときには時計を何度も見たりするなどの動作によって、私たちは会話をコントロールしているのです。

　調整的動作の多くは、幼児期からの発達過程で学習されて習慣化したものですが、社会生活のなかで身につけたものや、本能的に出るものもあると考えられています。

会話で空気が読める人

　私たちは会話中、相手の動作を無意識のうちに観察し、その動作を解読しながら、会話の流れをコントロールしています。つまり、会話を上手に進めることができる人は、調整的動作の解読能力が高く、相手の動作から会話の空気を読んでいるのです。

　電話やメールで会話をしていると、話が噛み合わなかったり、スムーズに話を進めることができなかったりして、もどかしさを感じる人は少なくありません。会話の空気を読むための非言語的手がかりが見えないからです。対面で会話をしているときに意識することはないかもしれませんが、私たちは互いの動作などを見つつ会話を調整しているのです。

「自分が話したい」ことを伝える動作

　会話では、通常、話し手と聴き手が交互に入れ替わります。何となく会話の流れのなかで交替していると思われがちですが、実は、動作が重要な役割を果たしているのです。

　会話において自分が話す順番を**ターン**と言います。聴き手が、「今度は自分が話したい」と思ったときには、身体を少し前のめりにしたり、話し手と目を合わせようとしたりして、そのときの話し手に合図を送っているのです。

　ターンを要求する動作に気づいても、話し手がターンを維持したいと思うこともあるでしょう。つまり、自分が話し続けたいと思ったときには、なるべく聴き手のほうを向かず、目を合わせようとしない、あるいは、聴き手に入り込む間を与えないように、声を大きくしたり、話す速度を上げたりするなどの合図が見られます。

　話し手と聴き手のスムーズな交替には、互いの**ターン取得行動**が欠かせません。相手のターン要求の動作を意識して受けとめると同時に、ターン譲渡の動作を積極的に活用すると、上手に会話を進めることができます。

ターン取得行動

ターン要求の動作　聴き手が今度は自分が話したいと思い、ターンの譲渡を求める動作

身体を少し前のめりにする、アイコンタクトをとる、手を挙げる、手のひらを示す、咳払い、息の音を出す、など

ターン維持の動作　話し手が話を続けたいと思ったときの動作

なるべく聴き手のほうを向かない、目を合わせない、声を大きくする、話す速度を上げる、など

ターン譲渡の動作　聴き手に話をすることを促す動作

身体を少しのけ反らせる、手のひらを出す、アイコンタクトを増やす、声の抑揚を増やす、話を止めて黙る、前傾姿勢で相手を見つめて話を聴くという姿勢を示す、など

動作⑤

動作を
手がかりにしよう

身体の動きには意味がある

　会話中、援助の対象者の様子がソワソワして落ち着かないと感じたら、注意深くその人の動作を観察してみましょう。

　例えば、腕時計をはずしてみたり、自分の衣服を整えてみたりするなどのちょっとした動きが頻繁に見られる場合、それは会話をコントロールする調整的動作と考えられます。相手は「もう話を終わらせてほしい」と思っているのかもしれません。

　あるいは、貧乏ゆすりをしたり、机を指でトントンと叩いたりする動きが見られるようであれば、フラストレーション反応の可能性も考えられます。**フラストレーション反応**とは、欲求不満の状態において表われるさまざまな行動のことを言います。貧乏ゆすりのように、無意味な動作を繰り返す固着反応は代表的なフラストレーション反応の1つです。「ソワソワして落ち着かない様子」という印象は同じでも、そのときの相手の動作を注意深く観察することで、その人の心理状態を知る手がかりになるのです。

嘘はジェスチャーでわかる？

「その人の動作を観察すれば、嘘をついていることがわかる」などと言われることがありますが、本当に嘘は動作でわかるのでしょうか。

　言葉で嘘をつく前に、ほんの一瞬だけ現れる身体の動きがあると言われており、それを**マイクロジェスチャー**、あるいは**微表現**と呼びます。普通は見逃してしまうような瞬間的な動きであることに加えて、どのような動きであるかは人によって違うため、マイクロジェスチャーに気づくことは実際には難しいでしょう。

　これまでの心理学的研究から、嘘をついていたり、隠し事をしていたりすると、私たちはアイコンタクトを避けようとする、まばたきが多くなる、アダプターが増加するなどの

非言語的手がかりを示すことが報告されていますが、非言語が意味することには個人差が大きいため、それだけで「嘘をついている」と判断することは避けたほうが無難です。

動作で伝えよう

- 会話中のジェスチャーは、話し手の熱心さや、自信の程度を伝える
- 立ち居振る舞いは、その人の仕事に対する態度や、相手を想う気持ちを伝える
- 1回に1動作を基本にして、できるかぎり、ながら動作をしない
- ものを扱うときは、「両手で」「ゆっくり」「静かに」を心がける
- うなずきで、話を聴こうとする熱意をわかりやすく伝える
- 会話では、相手のターン要求の動作を意識して受けとめると同時に、ターン譲渡の動作を積極的に活用する

相手の動作を受けとめよう

- 相手が無意識のうちに見せる身体の動きにも意味があることが多い
- 動作を注意深く観察することで、その人の心理状態を知る手がかりになる

スキルアップ

エンブレム（表象）を活用しよう

親指と人さし指の2つの指先を付けて輪をつくるだけで、その動作は「OK（オーケー）」という言葉の代わりに、「了解」「大丈夫」などのメッセージを相手に伝えます。

その動きをするだけで、1つの明確なメッセージを伝える動作のことを**エンブレム**（表象）と言います。エンブレムは、言葉の代わりにメッセージを伝える便利な非言語的コミュニケーションです。言語の機能に障害のある人や、言葉で意思表示することが困難な人とのコミュニケーションでは、エンブレムを積極的に活用するとよいでしょう。

接触行動①
相手とつながろう

身体への接触は諸刃の剣

　相手の身体に触れる**接触行動**は、人と人がつながる行為です。直接的に触れ合うことによって、相手と親密感を高めたり、一体感を共有したりすることを可能にします。援助の対象者に触れる行為は、援助の現場において特別な意味を持つ非言語的コミュニケーションと言えるでしょう。

　接触行動において、私たちが注意しなければならないことがあります。それは、日本人は**非接触文化**の特徴を持っており、他者から身体を触られることに慣れていない人が多いということです。親しみを込めて相手の身体に触れても、それを馴れ馴れしい行為と受け取ってしまう人もいるかもしれません。相手とつながろうとする行為が、ひとつ間違えば、相手を遠ざけてしまうことにもなりかねないのです。

プライベートな空間での接触

　そもそも相手に触れるためには、必然的に、その人のすぐそばにまで近づくことになります。相手の背中に手を添えたり、相手の手を握ったりするためには、その人のプライベートな空間に入り込む必要があるのです。

　通常であれば、家族や親しい友人以外の人が、プライベートな空間に入ってくることはありません。援助職がむやみに近づけば、相手は驚いたり、不快に思ったりするでしょう。さらに、十分な配慮もなく身体に触れれば、「馴れ馴れしい」と相手に受け取られても無理はないでしょう。

　援助の対象者への接触行動では、その人との関係性や相手の心理状態に気を配りながら、援助職の専門的行為としての意識を持って触れることが大切です。

援助を目的とした接触	
専門職－職務上の接触 (professional-functional touch)	仕事やサービスを達成し、遂行するための接触。治療的接触（身体へのマッサージなどの治療効果をもたらす接触）や、道具的接触（バイタルチェックや清拭などの援助を目的とした接触）が含まれる
友情－思いやりの接触 (friendship-warmth touch)	相手を心配したり、尊重したり、興味を持っていることを知らせたりするための接触。共感的接触（相手の感情に寄り添うときの接触）が含まれる

援助を目的とした接触には、身体への援助行為となる「専門職―職務上の接触」と、心理的な援助行為となる「友情－思いやりの接触」があります。

COLUMN　接触文化と非接触文化

　文化人類学者のホール（Hall, E.）は、身体接触における2つの文化を挙げています。アラブ系やラテン系文化に代表される**接触文化**は、相手との距離が近く、頻繁に身体接触をすること、正面からの対面姿勢を好み、相手をじっと直視することなどが特徴です。それに対して、**非接触文化**では、相手と距離を置いてコミュニケーションをとり、接触行動を好まない傾向があります。ホールは、非接触文化の代表は北アメリカや北ヨーロッパの文化としていますが、バーンランド（Barnlund, D. C.）の日米比較研究では、非接触的な北米人より日本人はさらに非接触的であることが報告されています。

接触行動②
手から気持ちを
伝えよう

┃「手当て」という援助

　看護や介護の分野では、日常的にタッチングが行われています。**タッチング**とは、援助の対象者である患者や福祉サービスの利用者に、安心と安楽を提供する目的で身体に接触する専門的行為のことです。

「ケガを手当てする」などと表現されるように、病気やケガの処置ではタッチングが行われます。治療的な処置をするときだけでなく、苦しみや悲しみの感情を抱いている相手の背中をゆっくりさすったり、手にそっと触れたりして、その人のつらさを少しでも和らげようとするのもタッチングです。

　タッチングが相手の心理に大きな影響を及ぼすことを、多くの看護職や介護職は経験的に実感しているでしょう。臨床場面における研究によると、タッチングには不安を軽減したり、不快な感情を緩和したりする効果があることが報告されています。心と身体は密接な関係にあり、身体接触によって感じられる援助職の体温が、安心感や心地よさにつながると考えられているのです。タッチングは、援助職の共感やいたわりの気持ちを効果的に伝える非言語的コミュニケーションとも言えるでしょう。

┃身体への接触は優しく、丁寧に

　援助職のタッチングには目的がありますが、触れられた相手は受け身の状態であることを意識しましょう。職務上必要な接触であっても、黙って不意に触れたりすれば、相手を驚かせてしまいます。いきなり身体に触れるのではなく、「失礼します」「今から、○○しますね」などと事前に声をかけましょう。

　触れ方が乱暴だったり、雑だったりすると、強制的、あるいは押し付けがましい印象を与えます。相手は「私は嫌われている」「私に対して怒っている」などと、援助職が意図

しないメッセージを受け取ってしまうかもしれません。

　直接的な触れ合いだからこそ、ダイレクトに相手に伝わってしまうメッセージがあります。タッチングは専門的な行為であることを常に意識して、丁寧に、優しく触れるように心がけましょう。

NGなタッチング

- ●無言でタッチング
- ●無理なタッチング
- ●乱暴なタッチング

- ●過度のタッチング
- ●頭部や顔、大腿部へのタッチング

> 援助の対象者へのタッチングは、比較的拒否感が少ない肩や腕、背中などに優しく触れるとよいでしょう。感じ方には個人差がありますが、一般的に、頭部や顔、大腿部などへの接触は不快感が伴いやすいため、避けたほうが無難です。

COLUMN

タッチングの効果

　臨床場面での研究によると、ストレス状況下での看護職のタッチングには、患者のストレス、不安、苦痛を軽減する効果があるだけでなく、タッチを行っている看護職にも望ましい効果があることが明らかになりました。

　看護職の気持ちのこもったタッチングによって、患者は「安心する」「落ち着く」などの感覚とともに、看護職に対する親近感や感謝の気持ちを体験します。そのような看護職の存在が、現実と向き合い、病気に立ち向かおうとする患者の気持ちを引き出すという相互作用が指摘されており、タッチングが患者と看護職の感情だけでなく、意識の交流も可能にすることがわかったのです。

タッチング

接触行動③

ストレスのサインに気づこう

自分をなだめるセルフタッチ

　接触行動には、自分以外の人の身体に触れる行為のほか、自分自身の身体に触れる行為も含まれます。手で自分の腕をさする、口元を隠すように自分の顔に触るなど、自分で自分の身体に触れることを**セルフタッチ**、あるいは**自己親密行動**と言います。

　セルフタッチはその人の単なる癖と思われがちですが、けっして無意味な動作ではなく、不安や緊張などを感じたときの行動であると考えられています。私たちは不安になったり緊張したりすると、心にストレスを感じて、自分を落ち着かせようとします。そのようなときに、自分で自分の身体に触ることで不快な感情をなだめて、安心しようとするのです。

　援助の対象者のセルフタッチは、本人も自覚していないストレスのサインかもしれません。

代表的なセルフタッチ

- 自分の腕をさすったり、つかんだりする
- 手をこすり合わせる
- 髪に触れたり、いじったりする
- 首や鎖骨の辺りを触ったり、なでたりする
- 指や爪をいじる
- 顔を触る（額、頬、鼻、顎、唇など）
- 身につけているものをいじる（腕時計、指輪、ネックレスなど）

人によって触る場所や触り方は異なりますが、会話中の頻繁なセルフタッチは、相手が不安や緊張を感じている可能性があるでしょう。

接触行動で伝えよう

- 日本人は他者から身体に触れられることに慣れていない
- 直接的に相手と触れ合うからこそ、接触行動には十分な配慮が求められる
- 援助職の専門的行為としての意識を持って触れる
- 職務上必要な接触であっても、事前に声をかけてから触れる
- タッチングは、丁寧に、優しく触れる

相手の接触行動を受けとめよう

- 会話中の頻繁なセルフタッチは、相手が不安や緊張を感じている可能性がある

COLUMN

単純接触効果（ザイアンス効果）

　日本語で、単純接触効果と呼ばれる心理現象があります。「単純接触」と言っても、この効果においては、身体への接触ではなく出会いの頻度を意味しています。

　心理学者のザイアンス（Zajonc. R.）は、接触回数（出会いの頻度）が増えれば増えるほど、その人に対する好意も増すという比例関係にあることを実験により検証しました。実験では、12人の顔写真をランダムにスライドに映写して被験者に見てもらいます。顔写真によって、映写する回数（1回〜 25回）の条件を操作しました。12人の顔写真を計86回映写した後、写真を評価してもらったところ、もっとも好印象だったのは25回映写された写真だったのです。この実験によって、同じ対象を繰り返し見たり聞いたりすることで、その対象に対する好意的な態度が形成されることが証明されました。

　顔見知りになった人には、親しみを感じるのは、この効果が作用しているためなのです。

セルフタッチ（自己親密行動）

距離①

その人の空間を大切にしよう

■ 近づかれると不快になる空間

　私たちは1人ひとり、自分の空間を持っています。この空間を目で見たり、手で触ったりして確かめることはできませんが、他者に侵入されたときにその存在に気づく人も多いでしょう。例えば、混み合っている電車の車内や多くの人と乗り合わせたエレベーターのなかで不快さを感じるのは、自分の空間に見ず知らずの他者が入ってくるからです。

　この空間のことを、**パーソナルスペース（対人距離）**と呼びます。心理学者のソーマー（Sommer, R）は、「そこに侵入者が入ることが許されない、個人の身体を取り囲む、目に見えない境界線に囲まれた空間」と定義しました。

　援助の現場では、相手に接近して声をかけたり、身体に触れて援助を行ったりする機会が多くあります。だからこそ、常にその人の空間を意識して、むやみに侵入しないように心がけましょう。援助の対象者のパーソナルスペースを大切にすることが、その人自身を尊重することにもつながります。

■ 空間の大きさは相手次第

　パーソナルスペースは、相手によって狭くなったり、広くなったりします。

　私たちは親しい間柄の人と接するとき、相手との距離が自然と近くなります。すぐそばに相手がいても不快にならないのは、自分のパーソナルスペースが狭くなっているからです。反対に、見ず知らずの人に対しては、いつも以上にパーソナルスペースが広くなるため、相手と一定の距離を置きたくなるのです。

　文化人類学者のホールは、対面したときの二者間の距離を、実際の2人の物理的な距離と心理的な距離を結びつけて、大きく4つに分類しています。

　4つの分類を見ると、相手との関係性や親密度によって、互いに居心地のよい距離が変

わることがわかります。実際の距離を見れば、相手が自分をどのように感じているのかが推測できる一方で、相手との距離は「もっと親しくなりたい」あるいは「あまりかかわりたくない」などと意思表示する手段でもあるのです。

対人距離の4つの分類

1　親密距離 ——— 0〜45cm

・ごく親しい間柄の人のみに入ることが許される距離
・互いの息づかいや温もりが感じられる。この空間に入れてもよい、
　あるいは入ってもらいたいのは家族や恋人など心を許した人のみ

2　個人的距離 —— 45〜120cm

・友人や親しい人と会話ができる距離
・手を伸ばせば相手の身体に触れることができる。
　友人や親しい同僚との会話や活動はこの距離で行われる

3　社会的距離 —— 120〜360cm

・上司と部下のような仕事上の役割関係の距離
・互いの顔の表情がよく見えて、大きな声を出さなくても話ができる。
　上司と部下、教員と学生など、仕事や役割上の関係における会話や情報の交換は
　この距離で行われる

4　公衆距離 ——— 360cm以上

・個人的な関係を結ぶには遠すぎる距離
・互いの表情が見えにくくなり、大きな声を出さないと話ができないため、
　双方向の交流は難しい

対人距離（対面したときの二者間の距離）は、相手との関係を示す非言語的メッセージと言えるでしょう。

距離②
専門職としての距離を意識しよう

援助の対象者と援助職の距離

　援助の対象者との距離に、悩んでいる援助職は少なくないでしょう。

　援助職は、相手に寄り添い、良好な関係を形成することが求められます。ときに、その人の身内や親しい友人のように接することもあるでしょう。その一方で、援助の専門家として、相手との距離をコントロールできる冷静さも必要とされます。

　本来、援助の対象者と援助職は仕事上の役割関係にあり、ホールの分類における「社会的距離」が適している間柄です。ところが実際には、援助の対象者と援助職の距離は、どうしても近くなりがちです。看護職や介護職であれば、日常的に患者や利用者と「親密距離」で接しており、相談援助職は「個人的距離」で面談を行います。職務上必要とは言え、本来「社会的距離」が必要とされるはずの援助職が、相手のすぐそばにまで近づくことで、緊張や不快感を与えてしまうこともあります。その一方で、「社会的距離」を意識しすぎれば、相手に寄り添うコミュニケーションは難しくなるでしょう。

つかず離れずの距離を維持する

　援助の対象者にとって、援助職は身内でもなければ、親しい友人でもありません。だからこそ、家族や友人には話せないことでも気兼ねなく話せる、そのような特別な存在になるために専門家としての微妙な距離感が必要です。**プロフェッショナル・ディスタンス**（専門家の距離）は、援助の対象者に温かく寄り添いながらも馴れ合いの関係にならず、情緒的な交流と同時に、専門的判断に基づいた援助を提供できる距離と言えるでしょう。

　心理的な距離を適切に保つためには、今、目の前にいる相手のパーソナルスペースを把握することが必要です。「個人的距離」で会話をしているときに、相手がリラックスできていれば、援助職に対して友人のような親しみや信頼を感じているのかもしれません。反

対に、緊張して落ち着かない様子であれば、その人が望む距離が確保できていないことが考えられます。

援助の対象者との距離

援助の対象者に近すぎる場合	援助の対象者から遠すぎる場合
⬇	⬇
相手を客観視することが難しくなる	相手に温かさを伝えることが難しくなる

援助職に望む距離は、援助の対象者によっても、時と場合によっても異なります。一般的に、私たちは安心を感じているときに相手との距離が近くなり、不安を感じるときに距離を置く傾向があります。

COLUMN　人間のテリトリー意識

　パーソナルスペースは、個人にとっての**身体的テリトリー**です。テリトリー（縄張り）とは本来固定された空間や領域を意味しますが、パーソナルスペースは自分が動くときに一緒に持ち運んでいる縄張りと言えるでしょう。

　人間にとってのテリトリー意識は、実は、動物の本能的な縄張り意識より複雑だと言われています。自宅や自分の部屋などのその人が所有している領域（基本テリトリー）だけでなく、「会議でいつも座る席」のような暗黙のうちに自他共に認めている領域（二次的テリトリー）や、「公園でレジャーシートを敷いて確保した場所」のような私有物を置いて所有者がいることを主張する領域（公共テリトリー）などもあります。

　そのなかで、パーソナルスペースは個人にとって最小のテリトリーなのです。

Work 3つの距離

距離の違いから受ける印象を体験するためのペアワークです。

1. 2人一組のペアをつくり、AさんとBさんを決めてください。

2. AさんとBさんは立って向かい合い、3つの距離を体験します。

| 社会的距離 | AさんとBさんそれぞれが腕を伸ばして、指先が触れ合う程度の距離をとります。そして、5秒間、無言のままアイコンタクトをとりましょう。 |

| 個人的距離 | 「社会的距離」から、Aさんは一歩前に進んでBさんに近づきます。Bさんも一歩前に進んで、Aさんに近づきます。腕を伸ばしたときに、互いの身体に触れられる程度の距離をとります。そして、5秒間、無言のままアイコンタクトをとりましょう。 |

| 親密距離 | 「個人的距離」から、さらにAさんは一歩前に進んでBさんに近づきます。そして、5秒間、無言のままアイコンタクトをとりましょう。 |

3. このワークを行った感想や気づきを話し合ってみましょう。

準言語を
上手に活用しよう

第4章では、準言語の活用について学びます。
話すときの声のトーンや大きさ、話すスピードなどの準言語も、
コミュニケ ションの重要なツール です。
相手や場面に応じて、効果的な話し方になるように、準言語を上手に発信しましょう。
同時に、相手の話の内容にだけでなく、言葉に伴う語調にも耳を傾けると、
相手をより深く理解する手がかりが見つかるかもしれません。

準言語を活用するための5つのポイント

ポイント1
声のトーン

ポイント2
声の大きさ

ポイント3
話すスピード

ポイント4
抑揚

ポイント5
声の質

声のトーン①
声の効果で
印象を変えよう

「何を話すか」より「どう話すか」が大切

話し方によって、相手に与える印象は大きく変わります。

はじめて会った人に対する印象は、その人の声が高いか低いか、大きいか小さいか、早口かゆっくり話すか、などの準言語で約4割が決まります。第一印象をよくするためには、話す内容以上に、実は話し方が大切なのです。

よく通る声で、『初めまして。担当の○○です』と挨拶すれば、その第一声で、あなたが自信を持って仕事をしていることが相手に伝わるでしょう。「援助の専門家として信頼できそうな人」という第一印象は、援助関係をスムーズにスタートさせるために欠かせません。

挨拶の言葉は同じでも、小さな声で遠慮がちな言い方だったり、抑揚のない事務的な言い方だったりすると、相手は「この人に任せて本当に大丈夫かな？」などと不安や警戒心を持ってしまうかもしれません。話し方ひとつで、印象に大きな差がつくのです。

初対面では少し高めのトーン

第一印象で好印象を与えるのは、少し高めのトーンです。**声のトーン**とは、音の高低のことです。顎を少しだけ上げて、言葉を遠くに届けるイメージで声を出すと、声のトーンが高くなります。声の印象が明るくなり、あなたに対する印象も意欲的、積極的、開放的などポジティブなものになります。無理に高い声を出そうとすると声がうわずって、緊張している印象を与えてしまうので注意しましょう。

ただし、ずっと高いトーンのままでは、自分も、相手も疲れてしまいます。高めのトーンで挨拶をしたら、本題に入るときには声のトーンを少し下げてみましょう。顎を引いて話すと必然的に声のトーンが下がり、落ち着いた安定感のある印象を与えます。言葉に重

みが加わるので、話す内容の信頼性も高まるでしょう。

会話のトーンは相手に合わせる

普段の会話では、声のトーンは相手に合わせることが基本です。

相手の声の高低に注目して、トーンを合わせてみましょう。嬉しい出来事について話をしている人は、声のトーンが高くなる傾向があります。相手に合わせて、援助職も高めのトーンで応答すると、喜びの感情を共有している一体感が得られるでしょう。反対に、不安や悩みなどを抱えていたり、気持ちが沈んでいたりする人の声のトーンは低めです。普段より声のトーンを落として対応することで、相手の気持ちに寄り添おうとする援助職の態度が伝わるでしょう。

声のトーンをコントロールする方法

声のトーンを高くしたいとき

- 顎を少しだけ上げる
  （上に向きすぎると、喉に力が入るので注意）
- 5メートルほど先に言葉を届けるイメージで声を出す
- 表情は笑顔で、口角を上げる

声のトーンを低くしたいとき

- 顎を少しだけ引く
  （下に向きすぎると、声が出にくいので注意）
- 1メートルほど先に言葉を置くイメージで声を出す

加齢に伴う聴力の低下は高音域から始まるため、高齢者には声のトーンを下げて、中音か低音で話すことを心がけましょう。反対に、子どもには声のトーンを上げてゆっくり伝えると、安心感を与えることができます。

🔑 キーワード　トーンチェンジ

声のトーン②

声のトーンで
気持ちを伝えよう

自分の地声を意識する

　声のトーンを上手にコントロールするためには、普段の自分の声、つまり地声のトーンを知っておくことが必要です。声のトーンを少し上げたつもりでも、本来の地声から掛け離れた甲高い声になっていると、いかにもつくった声のように聞こえて不自然です。地声のトーンを基準にして、それよりも少し高く、あるいはさらに低くすることを意識すると、無理のない自然なトーンのコントロールが可能になります。

　地声のトーンに大きく影響を及ぼすのは、その人の声帯・声道の長さです。通常、声帯と声道が長いほど低いトーンに、短ければ高いトーンになります。声帯と声道の長さは身長に比例するため、背の高い人は低い声になり、背の低い人は高い声になるのが一般的です。

　地声で話をしているつもりでも、会話では相手や、状況の影響を受けて声のトーンが変わっていることが多いため、独り言を言っているときのトーンが地声に近いとされています。

トーンチェンジで気持ちを伝える

　声に感情を込めるためには、話の内容に合わせて、トーンチェンジしてみましょう。

　出会いの挨拶では高めのトーンを意識すると、相手を歓迎する気持ちを表現することができます。本題に入ったら、トーンを変化させて、低めのトーンで話すとよいでしょう。言葉に重みが加わり、「今、大切な話をしている」というメッセージが相手に伝わります。

　相手が興奮して感情的になっているときには、声のトーンだけでなく、ボリュームも落として対応しましょう。クレームなどに対応するときには、さらにもう一段階低いトーンにチェンジすることで、真摯に受けとめている態度を表現することができるでしょう。

声の高さと大きさの組み合わせ

声の高さ

高め

傾聴するとき
共感するとき

挨拶するとき
初対面で対応するとき

声の大きさ　小さめ ——————————— 大きめ

冷静に対応するとき
謝罪するとき

説明するとき
提案するとき

低め

単調なトーンのままでは、相手は「事務的な対応」と感じる
でしょう。トーンチェンジすることで、言葉に感情を乗せる
ことが可能になります。

声のトーン③

相手の声にも意識を向けよう

■「いつもと違う」という気づきが大切

　援助の現場では、援助の対象者の話に耳を傾けると同時に、相手の声や語調にも意識を向けてみましょう。話の内容ばかりが気になってしまうと、コミュニケーションが表面的な言葉のやりとりに終始しがちです。相手と深くかかわるためには、その人の話し方や声が教えてくれる情報にも注目してみましょう。

　準言語を上手に受信するためには、その人の「いつもの声の感じ」を感覚的に記憶しておくことが必要です。「いつもの声の感じ」がわかっていれば、普段通りではないときに**違和感**を覚えるでしょう。相手の声を聴いた瞬間に、「何かあったのかな？」と直感的に気づくことができると、その後のコミュニケーションの方向性が変わります。

■相手の声のトーンが低くなっているとき

　落ち込んでいるときや、気持ちが沈んでいるとき、あるいは億劫なときには、声のトーンは低くなりがちです。声のトーンが低いだけでなく、話し方に力がなく、消極的な印象を抱いたときには、「今日はお体の具合はいかがですか？」「元気がないように感じたのですが、気になることがあればお聞かせいただけますか？」などと、心身の変化を確認する言葉をかけてみましょう。

■相手の声のトーンが高くなっているとき

　声のトーンがいつもより高いときには、2つの可能性が考えられます。

　1つは、身体の調子が良いときや、嬉しい出来事があって気分が良いときなどです。相手の様子を観察して、機嫌が良い、元気がある、表情が明るい場合には、援助職も相手のトーンに合わせて対応することで、波長の合った楽しい会話になるでしょう。

もう1つの可能性は、興奮して気が高ぶっているときです。緊張していたり、感情的になっていたりするときも、声のトーンが高くなる傾向があります。そのようなときに援助職が高いトーンの声で対応すると、相手の興奮をさらに高めてしまい逆効果になることもあるので注意しましょう。少し低めのトーンで落ち着いた雰囲気をつくり、相手の話を傾聴することを優先しましょう。

自分の声のトーンを上手に調整しよう

- 出会いの場面では少し高めのトーンで挨拶する
- 会話では、声のトーンは相手に合わせる
- 説明や助言、提案などを行うときには低めのトーンで話す
- 高齢者には中音か低音で、子どもには少し高めのトーンで話す
- 話の内容に合わせて、トーンチェンジする

相手の声のトーンを上手に受けとめよう

- その人の「いつもの声のトーン」を感覚的に把握しておく
- いつもよりトーンが低いときは、身体の具合や心配事がないかを確認する
- いつもよりトーンが高いときは、 理由1 か 理由2 かを観察して確認する

| 理由1 | 調子が良い | ➡ | 機嫌のよい人や、元気いっぱいな人には、援助職も高めのトーンで明るく対応 |
| 理由2 | 気が高ぶっている | ➡ | 興奮している人や、感情的になっている人には少し低めのトーンで丁寧に穏やかに対応 |

声の大きさ①

適切な大きさの声で話そう

伝わるように声を届ける

　援助の現場では、聞き取りやすさを意識した話し方が求められます。言葉を確実に届けたいときに欠かせないのが、その場に応じた適切な声の大きさです。

　一般的に、話すときの声が小さい人は、控え目、おとなしい、あるいは頼りないなどの印象を与えがちです。「頼りない人」と相手に判断されてしまうと、その人が話す内容も何となく頼りなく聞こえてしまいます。援助の現場では、背筋を伸ばして、言葉を相手に届けるように意識しながら、お腹から声を出してみましょう。うつむきがちな姿勢や猫背の姿勢では、声量が落ちて声が相手に届きません。

必要な声の大きさを考える

　一方で、声の大きい人は積極的、意欲的、元気などの印象を与えますが、大きな声がいつもよいとは限りません。遠くにいる人に声をかけるときや、大勢に呼びかけるときには声を大きくする必要がありますが、普段の会話でも大声のままでは相手を驚かせてしまったり、緊張させてしまったりするでしょう。援助職は普通に会話をしているつもりでも、相手は「騒々しい」と感じるかもしれません。あなたが意図しないところで、声の大きさが威圧的で強引な印象を与えてしまうこともあります。

　声の大きさは、その人の個性をつくる1つの要素であると同時に、重要なコミュニケーション・ツールです。相手の状態や周囲の状況を確認して、必要な声の大きさを考え、コントロールしましょう。静かな雰囲気のなかで会話をするときは声量を普段より意識して落としたり、相手が何度も聞き返してくるときは通常より声量を上げたりして柔軟に調整することが必要です。

声の大きさより、滑舌^{かつぜつ}を意識する

　言葉の聞き取りやすさは、声の大きさだけで決まるわけではありません。ハキハキとした話し方であれば、無理に大きな声を出さなくても言葉の明瞭さがアップします。

　適切な声量で話をしているはずなのに、「えっ？　何？」と何度も聞き返される人は、声の大きさではなく、口の開け方に原因があるかもしれません。話すときに口の開け方が小さいと、声も小さくなり、発音も不明瞭になります。

　口を大きく開けて、唇や舌をしっかり動かして発声しましょう。特に「イ」の段の音を発音するときは、口をしっかり横に引きます。これを意識するだけでも、**滑舌**がよくなり、聞き取りやすくなるのです。

口をしっかり横に引いて「イ」の段の音を発音する

イ、キ、シ、チ、ニ……

マスクを着用する場面では、普段通りに話をしていても、モゴモゴと口ごもっているように聞こえがちです。いつも以上に口を大きく開けて、滑舌よく話す必要があるでしょう。

滑舌

声の大きさ②

「壁に耳あり」に注意しよう

声の大きさは言葉を目立たせる

　準言語には、言葉によるメッセージを**強調する機能**と、言葉を**和らげる機能**があります。話す内容は同じでも、大きな声で伝えれば、相手は否が応でも言語メッセージに注目することになるでしょう。逆に、控え目な声の大きさで淡々と伝えると、言葉が目立たなくなります。

　この2つの機能があるからこそ、声を大きくしたり、小さくしたりすると、会話にメリハリをつけることができるのです。言葉を目立たせたいときにだけ声量を上げると効果的ですが、意味もなく大きな声で話をすると、言葉を必要以上に目立たせてしまうこともあります。

声量を落として相手を気遣う

　援助職の声が大きいと、援助の対象者との会話が、周囲にも聞こえてしまうことがあります。会話の内容によっては、人に聞かれたくないと思うこともあるでしょう。まして個人的な内容の会話で、援助職が大きな声で質問したり、確認したりすると、相手は安心して話を続けられなくなるかもしれません。周囲に人がいる状況での会話はもちろんのこと、個室で話をしているときも、室外に声が響かないように声のボリュームを落とす配慮が必要です。

　日常の場面でも、不用意な大声は、相手に不快な思いをさせてしまうことがあります。例えば、離れた位置にいる相手に話しかけようとすると、つい大きな声になりがちです。「今日は○○を持ってきてくださったのですねー。今そちらに行きまーす」などと大きな声で伝えると、本人だけでなく、周囲の人の注目も集めてしまうでしょう。相手は「そんな大

きな声で○○って言わなくても……」と思うかもしれません。

　普段から、相手に近づいて、声が届く距離で話をすることを心がけましょう。適切な距離で話をすれば、大きな声が不要になるだけでなく、誰に、何を伝えようとしているのかが明確になります。援助職のちょっとした一手間で、丁寧さが感じられる接し方になるでしょう。

耳に蓋をすることはできない

　申し送りや職員同士の会話も、周囲に響かないように、控え目な声量で行うことが必要です。

　盗み聞きをするつもりはなくても、職員同士の会話が耳に届けば、援助の対象者はやはり気になってしまいます。「職員同士で○○さんの話をしていた。自分のこともきっと、何か言われているに違いない」などと、相手は不安を感じて、疑心暗鬼になってしまうこともあるのです。「壁に耳あり障子に目あり」という喩えのように、どこで誰が聞いているかわからないからこそ、職員同士の会話では意識して控え目な声量で話すようにしましょう。

自分の声の大きさを上手に調整しよう

- 相手の状態や周囲の状況を確認して、必要な声の大きさを考える
- 滑舌よく話して、言葉の明瞭さをアップさせる
- 口を大きく開けて、唇や舌をしっかり動かして発声する
- 周囲に声が響かないように、声のボリュームを落として話す
- 相手と距離があるときは、声の届く位置に近づいて、普通の声で話す

声の大きさ③
相手の心理的な変化に気づこう

感情は声に表われる

　私たちの声の大きさは、いつも同じではありません。

　普段は小さい声で話をする人でも、ふっとしたときに声が大きくなっていることがあります。その一方で、いつもは大きな声で積極的に話をする人でも、口数が減って、小さな声でボソボソと話をするときもあります。

　普段のその人の声量を基準にして、いつもより声が大きい（あるいは小さい）ときは、相手の心理的な変化に気づくヒントになるでしょう。

相手の声が大きいとき

　相手の声が、普段より大きいときに考えられる心理状態は、大きく分けて2つあります。

　1つは、意欲が高まっている、気持ちが乗っている、自信がある、などの前向きで肯定的な心理状態です。ポジティブな気持ちのときは、いつもより大きく、力強い声になる傾向があります。

　もう1つは、気持ちが高ぶって、興奮している状態です。クレームを申し立てる人の心理状態が、代表的な例と言えるでしょう。クレームとは本来、賠償や補償を要求することを意味する言葉ですが、現在では、苦情と同じ意味で使われることが多くなりました。クレームを申し立てる人のなかには、要求（あるいは主張）を通そうとして、意図的に大きな声を出す人もいますが、不平や不満などによって気持ちが高ぶり、無意識のうちに声が大きくなっている人も多いのです。

　興奮している状態の人への対応には、トーンチェンジ（p.134）を活用するとよいでしょう。負けじと援助職が大きな声で対応すると、相手をますます興奮させてしまうので注意しましょう。

相手の声が小さいとき

相手の声が小さいときは、自信がない、気持ちが沈んでいる、話題に乗れないなどの状態であることが考えられます。身体の調子が悪いときにも、声は小さくなりがちです。いつもより弱々しく、小さい声のときには、その理由を確認しましょう。相手を観察しながら、身体の調子や心配事の有無などを尋ねてみましょう。言いづらかった悩みや思いを、言葉で表現してもらうきっかけになるかもしれません。相手の声量に合わせて、援助職も控え目な声の大きさで、穏やかに質問するとよいでしょう

相手の声の大きさを上手に受けとめよう

- その人の「いつもの声の大きさ」を意識しておく
- いつもより声が大きいときは、 理由1 か 理由2 かを観察して確認する

  理由1 自信がある、気持ちが乗っている、意欲が高まっている

  理由2 感情的になっている、気が高ぶっている

- いつもより声が小さいときは、身体の具合や心配事がないかを確認する

理由を確認したうえで、相手を元気づけたいと思ったときには、援助職の声のトーンを少し上げて声の印象を明るくするとよいでしょう。

話すときの速度①

相手と波長を
合わせよう

話す速度はその人のイメージと結びつく

　話すときの速度も、印象形成に大きく影響を及ぼします。

　少し早口で、テキパキとテンポよく話をすると、やる気がある、頭の回転が速い、意欲的に取り組んでいる、などのイメージと結びつきやすく、ゆっくり話すと、慎重、落ち着いている、余裕がある、などの印象を与えます。

　早口が癖になっている人も、ゆっくり話すことに慣れている人も、場面に適した印象になるように、話すときのスピードを変化させてみましょう。そのときの声のトーンも意識することで、p.145の表のように4つの印象に整理することができます。

早口で伝えた言葉は残らない

　援助の現場では、相手が一度で聞き取れる速度を意識して話しましょう。

　いつもゆっくり話せばよいとは限りませんが、言葉を聞き逃してしまうような早口では、相手に正確な情報を伝えることはできないでしょう。質問をするときも早口のままでは、相手は尋ねられたことが聞き取れずに困ってしまうかもしれません。その結果、「ええ、まあ」などのその場しのぎの回答になることもあるのです。

　適切な速度は、相手によっても、また、話す内容によっても変わります。相手が無理なく言葉を受けとめることができるように、少し速度を落としたり、間をとったりしながら調整するとよいでしょう。

波長を合わせるペーシング

　会話中は、相手が話すときの速度を意識しましょう。相手のペースや呼吸のリズムに合わせることを**ペーシング**と呼びます。ペーシングは、相手と波長を合わせるために欠かせ

144

ない技法です。

　相手がゆっくり話すときは、援助職もその速度に合わせて話をします。反対に、相手が早口でテンポよく話をするときは、援助職の話すペースも少し上げてみましょう。

話すスピードと声のトーンが与える印象

		声のトーン	
		高い	低い
スピード	早口	元気で、明るい印象 →場を盛り上げたいとき →雰囲気を明るくするとき	効率よく仕事をする印象 →会議や申し送りの場面 →援助職間で連絡や報告をするとき
	ゆっくり	優しく大らかな印象 →安心してもらいたいとき →子どもと話をするとき →電話で応対するとき	慎重、落ち着いた印象 →大切な話をする場面 →高齢者と話をするとき

話す速度は同じでも、「ゆっくり×高いトーン」では優しく大らかな印象になり、「ゆっくり×低いトーン」では慎重で、落ち着いた印象になります。

話すときの速度②

説得するときは ゆっくり話そう

信頼性を高める発話速度

　相手を説得したいときは、テキパキとした早口が適しているのでしょうか。それとも、ゆっくりと時間をかけて話すほうが効果的なのでしょうか。

　説得場面において、話す速度が聴き手に及ぼす影響を検証した実験があります。実験では、説得するメッセージを3種類の速度（遅い、普通、速い）で録音し、それぞれを被験者に聴いてもらい、そのメッセージへの賛否や、話し手の印象を評価してもらいました。

　メッセージの内容はすべて同じだったにもかかわらず、実験の結果、遅い速度のテープを聴いた被験者にだけ態度変容が認められました。**態度変容**とは、その人のなかで形成され固定化されていた態度が、外的な力の影響を受けて、新しい態度に変化することを言います。つまり、ゆっくりした速度のテープを聴いた被験者は、録音されたメッセージの内容と同じ考え方へと態度を変化させたのです。

ゆっくり話して、しっかりアイコンタクトをとる

　この実験の結果から早口で話すより、ゆっくりと話したほうが、説得効果が高いことがわかりました。実際に対面で会話をするときは、話す速度だけでなく、話し手の表情や視線、動作、姿勢などの非言語も相手に影響を与えていることもわかっており、ゆっくり話しているときにアイコンタクトが少ないと、話し手の専門性が低く評価されることが報告されています。

　わかりやすさや聞きやすさなどに配慮して、普段より速度を落として話をしても、相手と目を合わせようとしなかったり、手元のメモから顔を上げないまま話したりすると、ゆっくりと話すことが逆効果になってしまうので注意しましょう。

実験の結果：話し手の印象

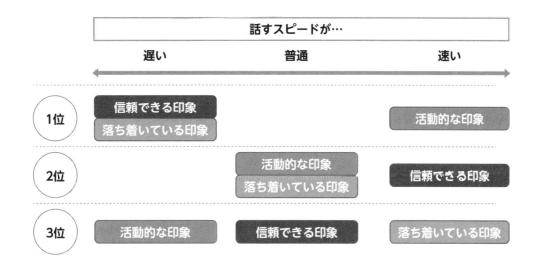

	話すスピードが…		
	遅い	普通	速い
1位	信頼できる印象 落ち着いている印象		活動的な印象
2位		活動的な印象 落ち着いている印象	信頼できる印象
3位	活動的な印象	信頼できる印象	落ち着いている印象

話すときの速度を上手に調節しよう

- 話すスピードと声のトーンの組み合わせで印象を変える
- 相手が一度で聞き取れる速度で話す
- 声のトーンとともに、話す速度もペーシングする
- 早口で話すより、ゆっくりと話したほうが、説得効果が高い

職員間のコミュニケーションでは活動的な印象になるように、早口でテキパキと話をして、援助の対象者と話をするときには落ち着いた、信頼できる印象になるようにゆっくりした話し方を使い分けるのがよいでしょう。

話すときの速度③
話すスピードから
性格を把握しよう

相手の話す速度からわかる性格特性

　援助の対象者が普段、どのような話し方をするのかにも注目してみましょう。

　相手の話し方でまず把握したいのは、その人が話をするときの速度です。普段から早口で話す人もいれば、ゆっくり話す人もいるでしょう。

　一般的に、話し方にその人の性格特性がそのまま表われることが多いようです。

　早口な人は、テキパキと行動する**アグレッシブ**な人、あるいはせっかちな人と言えるでしょう。アグレッシブという表現には、積極的、意欲的のほかにも「常に攻めの姿勢」という意味があります。相手が誰であっても、どのような状態であっても、常に早口で話をする人は、独りよがりなところがある人かもしれません。

　反対に、ゆっくりとした話し方の人は、性格も慎重で、穏やかな人でしょう。ただし、ゆっくり過ぎたり、「えっと……」「あの……」「え……」などの**つなぎ言葉**が多かったりする話し方は、引っ込み思案な人、優柔不断な人の特徴です。

話す速度が「いつもと違う」とき

　普段はゆっくり話をする人でも、焦っているときは自然と話し方が速くなります。例えば、時間を気にして焦っているときや、言いたいことがたくさんあるときなどは、気持ちが急いて、少し早口になりがちです。

　会話の話題によって、話す速度が変化することもあります。嬉しい話題や怒りの感情が伴う話題では、相手が興奮した状態になり、いつもより話す速度が速くなることもあるでしょう。一方で、それまでは普通の速度（あるいは早口）で会話をしていた人が、急にトーンダウンして、ゆっくりした話し方に変わったら、その話題には触れてほしくないのかもしれません。言いにくいことを考えながら話すときは、間が多くなり、話す速度も落ちる傾向があります。

相手の話すときの速度を上手に受けとめよう

● 普段、どのような話し方をするのかにも注目する

● 普段の話すときの速度に、その人の性格特性が表われる

● 話すときの速度が変わったときは、相手の感情の起伏に気づくサイン

● 触れてほしくない話題や、言いにくいことを考えながら話すときは、ぽつぽつとした話し方になり、会話の間が多くなる

↗ スキルアップ

口調のペーシング

声のトーンや話すときのスピードだけでなく、その人の口調や言葉づかいにも注目して、相手に合わせてみるとよいでしょう。援助の対象者への言葉づかいは丁寧であることが基本ですが、かしこまった口調の相手には、援助職が丁重な口調と礼儀正しい態度で対応すると波長を合わせることができます。友だちと話をしているような口調の相手には、語尾を和らげて話をしてみましょう。言葉づかいは同じでも、準言語の力で、相手に合わせた話し方が実現できます。

抑揚①

メリハリのある話し方をしよう

抑揚で声に表情をつける

　抑揚とは、声の調子を上げ下げすることです。音のまとまりを区切って、声を強めたり、弱めたりすると、声にも表情が出て、言葉に気持ちを込めることができます。

　例えば、「そうですか」という言葉を、平坦に言ってしまうと機械的な印象になりがちです。

　嬉しい話題のときには声のトーンを少し上げて、「**そう**ですか」と語頭をはっきりと発音すると、一緒に喜ぶ気持ちが相手に伝わります。静かに相手の話に耳を傾けるときには、声のトーンを下げて、「そうですか……」と語尾を丁寧に置くように柔らかく発音すると、相手の気持ちを大切にしたあいづちになるでしょう。抑揚をつけると、同じ言葉でも印象は大きく変わるのです。

単調な話し方では残らない

　話し方にも変化を持たせてみましょう。声の大きさや話すスピードが適切でも、単調な話し方では、相手は聞くことに飽きてしまい、話の内容も印象に残りません。

　一本調子で話し続けるのではなく、緩急をつけることでメリハリが生まれて、言葉がより伝わりやすくなります。強調したいところや、相手が理解しづらいと思われるところは、意識してゆっくり伝えましょう。同時に、声のトーンや大きさも変化させるとより効果的です。声のトーンを少し上げて、大きめの声で伝えると、相手の注意を引くことができます。逆に、低いトーンで、あえて声量を抑えて伝えると、言葉に重みが出るでしょう。

　メリハリがつくと相手が「聞きやすい」と感じる話し方になるだけでなく、話の重要なポイントを印象づけることもできるのです。

メリハリをつくる間

　メリハリのある話し方には、適度な間があります。**間**とは、話のなかにある無言の時間のことです。どのように間をとるかということも、話し方の大切な要素と言えるでしょう。

　もっとも伝えたいことは、意識して1〜2秒の間を置いてから伝えるとよいでしょう。間をとると、相手は次の言葉をしっかり受けとめる準備ができるのです。

　ただし、間が長すぎたり、多すぎたりすると、話の流れが不自然になり、聴き手の集中を妨げてしまいます。相手と呼吸を合わせて、間を置きながら、気持ちを込めて伝えてみましょう。

話し方にメリハリをつける3つのポイント

 ポイント1　もっとも伝えたい部分をゆっくり話す

ポイント2　淡々と話すのではなく、抑揚をつける

ポイント3　話の途中に、適度な間をとる

早口で一気に話す人は、まくしたてるような話し方になり、相手を圧倒してしまいがちです。p.144のペーシングが基本ですが、話の途中に適度な間が入ると、早口で話しても矢継ぎ早な印象になりません。

抑揚②
語尾を柔らかくしよう

語尾は丁寧に置く

　メリハリをつけようとして、やたらと**語尾**の音を響かせようとすると、思わぬところで誤解を招くことがあります。言葉の終わりの音を強調してしまうと、いわゆる語気を強めた口調になり、きつい印象を与えてしまうからです。「あなたの言い方にはトゲがある」などと指摘されたことのある人は、実は言葉そのものがきついのではなく、話し方に原因があるかもしれません。

　例えば、「そうですね」とあいづちを打つときに、「そうですね」と語尾を強めると乱暴な雰囲気になるため、怒っているようにも、嫌味を言われたようにも聞こえるのです。語尾の「ね」を丁寧に置くイメージで、柔らかく話してみましょう。温かさ、優しさ、親しみなどのプラスの感情が効果的に表現できます。

語頭はしっかり発声

　語尾は柔らかく、その一方で**語頭**はしっかりと発声するとよいでしょう。

　言葉の1音目がしっかり発声できていないと、「（ぉ）はようございます」「（ょ）ろしくお願いします」などと、言葉が欠けてしまいます。相手は、聞き取れた言葉から全体を推測しなければメッセージが理解できないため、負担を感じるでしょう。1音目が弱々しいと、相手は聞き取りにくさを感じるだけでなく、自信のない人、意欲のない人などと判断してしまうかもしれません。

　背筋を伸ばして、「おはようございます」「よろしくお願いします」などと語頭をはっきり発声しましょう。1音目からしっかりと声を出すと、その後も、声がきれいに出るようになります。相手は、言葉が聞き取りやすいだけでなく、あなたに対して堂々とした、落ち着いた人という印象を持つでしょう。

上手に抑揚をつけよう

・語頭（言葉の1音目）はしっかり発声

・語尾（言葉の最後）は柔らかく

・語尾を必要以上に伸ばしたり、上げたりしない

語尾を強調する癖があると、きつい言い方になりやすいので注意しましょう。特に早口の人は、言葉がつまりやすく、語尾が強調されやすくなる傾向があります。

↗ スキルアップ

質問するときの準言語

早口で質問したり、小さな声でモゴモゴと質問したりすると、相手は何を尋ねられているのかがわからないこともあります。質問を聞き取ることができなければ、相手に回答してもらうことはできません。質問するときには、語頭からしっかり声を出して、語尾まで丁寧に言葉を伝えましょう。
ただし、援助職の声が大きすぎたり、語尾を必要以上に強調したりすると、質問が「詰問」になってしまうので注意が必要です。

語尾、語頭

抑揚③
相手の「言い方」に 注目しよう

感情が見え隠れする「言い方」

　相手の「言い方」に注目すると、言葉が伝えるメッセージとは違う感情が見え隠れすることがあります。

　例えば、援助職からの提案や助言に対して、相手が「わかりました」と返事をしても、どのような言い方をしたのかによって、この言葉の解釈は大きく変わります。穏やかな言い方のときには、言葉が伝えるメッセージと、その人の感情にズレはないでしょう。ところが、語気を強めて「わかりました」と言う人は、返事はしたものの、本当は納得していないのかもしれません。**語気**とは、話すときの言葉の調子や勢いのことを言います。語気を強めるときは、ネガティブな感情を抱いていることが多いのです。

　相手の言葉をしっかりと受けとめるとともに、そのときの「言い方」にも注目すると、言葉で表現されなかった本音を知るヒントになるかもしれません。

「言い方」に合わせた対応

　話をするときに、「私は、○○にしたいと思います」などと語尾まではっきり言うのは、意志が強く、自分の考えや意見をしっかり持っている人の特徴です。このような相手との会話では、援助職はまず聴くことに徹するとよいでしょう。聴いているときに、尋ねたいことや言いたいことがあっても、言葉を遮らずに、相手の話を一通り聴きましょう。「自分の意見が尊重されている」と感じられると、今度は、相手が援助職の意見に耳を傾けたくなるからです。

　逆に、「私は、○○がいいかと……」などと語尾が消えてしまいがちな人は、話している内容に自信がない、あるいは自分の考えや意見が整理されていないことが考えられます。「○○がいいと思っているのですね」などと、相手と一緒に内容を確認したり、整理した

りしながら、会話を進める必要があります。

「わかりました」の言い方に伴う感情

穏やかに「わかりました」 ━━━━━━━▶ 額面通りの意味と受けとめられる

明るく、力強く「わかりました」 ━━━━━▶ 前向き、自信を持っている

ためらいがちに「わかりました……」 ━━━▶ 不安、気になることがある

語尾を強めて、強い語気で「わかりました！」 ━▶ 本当は納得していない

> 不安なときや心配事があるとき、体調がすぐれないとき、気持ちが落ち込んでいるときには、語気が弱くなりがちです。声をかけて心身の変化を確認しましょう。

COLUMN 電話では声だけが頼り

　対面であれば表情やジェスチャーなどの非言語的手がかりを活用しながら会話をすることができますが、電話で応対するときは準言語的手がかりだけが頼りです。対面での会話と同じように話をしていても、電話では言葉を補う手がかりが少ないため、相手に正確に伝わらないこともあるのです。

　相手にとって、聞き取りやすい声の大きさやトーン（高低）、話すときの速度に配慮しましょう。電話の場合、声がこもりやすくなる傾向があります。いつも以上にはっきりと発音すること、つまり、普段より滑舌よく話すことを意識しましょう。

声の質
好まれる声で話そう

声の印象は変えられる

「自分の声が好きではない」という人は、案外少なくないようです。「私の地声は低いから暗い印象になる」「もともとの声質がよくないから声が通らない」などと、自分の声について悩んでいる人もいるかもしれません。

　声質とは、生まれ持った声の性質のことです。確かに、生まれ持った性質そのものを変えることはできませんが、声の出し方によって、**声の印象**を大きく変えることは可能です。

　援助の現場では、「安定感のある声」「力強い声」が望ましい場面もあれば、「明るい声」「元気な声」が好まれる場面もあるでしょう。なりたい印象の声をイメージしながら、声の出し方に意識を向けてみましょう。

話し手も聞き手も疲れない理想的な声とは

　話す人も、聞く人も疲れない理想的な声は、よく通る声と言われています。

　声を届けたい相手に視線を向けた状態で、優しくボールを投げて大きな放物線を描くように声を出してみましょう。斜め上方に向かって声を出すようなイメージです。少し上顎が上がることで、自然と声のトーンも上がります。

　声には、高いと明るい印象になり、低いと暗い印象になる特徴があるため、通る声で話すと明るい印象を相手に与えることができるでしょう。

　よく通る声は、喉を締めずに高い声が出せている状態と言えますが、喉を締めつけて高い声を無理に出すと甲高い声になるので注意しましょう。甲高い声は、話すほうも聞くほうも疲れる声と言われています。

好まれる声の出し方

声の印象	声の出し方
安定感のある声 **力強い声**	・背筋を伸ばして、肩の力を抜く ・お腹を引っこめながら、思い切って声を出す
明るい声 **元気な声**	・優しくボールを投げて大きな放物線を描くように声を出す 　（通る声） ・少し上顎を上げて、声のトーンを上げる
説得力のある声	・少し顎を引き、胸に響かせるように声を出す 　（チェストボイス〈胸声〉：低い声）
安心を感じる声 **温かさを感じる声**	・身体の力を抜く ・ささやくように、圧をかけずに声を出す
落ち着きのある声	・「ん〜」とハミングしたときに、鼻の頭など顔の中心辺りで 　響くぐらいの声を出す（ミドルボイス〈中声〉：低い声と高い 　声の間くらいの高さの声）

ボールを投げて放物線を描くように声を出す

斜め上方に向かって
声を出すイメージ

おわりに

　2021年8月現在、私たちはまだ、新型コロナウイルス感染予防のために、人との接触を制限しなければならない状況の中にいます。感染を予防するための対人距離を表わす「ソーシャルディスタンス」という言葉が一般的になり、マスクの着用が日常的になった今、当たり前の日常がどれほど私たちにとって尊いものであったのかに気づくとともに、何気ない日々のコミュニケーションを見直す機会にもなりました。

　オンライン授業やWeb会議などの交信手段を活用したコミュニケーションの機会が増えて、言葉ではっきりと伝えることが求められるようになった一方で、私たちのコミュニケーションが、実は言葉以外の手段で支えられていたことを強く感じています。

　対人援助の現場で使える便利帖シリーズは、2017年8月に「聴く・伝える・共感する技術」を上梓してから、「質問する技術（2019年7月発行）」、「承認する・勇気づける技術（2020年4月発行）」に続き、本書で4冊目となります。今回はリモートで打ち合わせを重ねての制作作業となりましたが、これまでと同様に楽しく執筆することができたのは、翔泳社の小澤利江子さんの心強いサポートがあったからこそです。ありがとうございました。

　ソーシャルディスタンスを確保しながら援助を行うことが難しい現場であっても、日々、援助の対象者とかかわり、これまでと変わることのない、あるいはこれまで以上に、その人と共にあろうとする対人援助職の皆さまに、ただただ頭が下がる思いで本書を執筆いたしました。

　援助の現場で、今日も心を尽くしていらっしゃる援助職の皆さまに敬意と感謝の気持ちを込めて。

2021年8月

大谷　佳子

本書内容に関するお問い合わせについて

このたびは翔泳社の書籍をお買い上げいただき、誠にありがとうございます。弊社では、読者の皆様からの
お問い合わせに適切に対応させていただくため、以下のガイドラインへのご協力をお願い致しております。
下記項目をお読みいただき、手順に従ってお問い合わせください。

■ ご質問される前に

弊社Webサイトの「正誤表」をご参照ください。これまでに判明した正誤や追加情報
を掲載しています。

正誤表　　　　　　https://www.shoeisha.co.jp/book/errata/

■ ご質問方法

弊社Webサイトの「刊行物Q&A」をご利用ください。

刊行物Q&A　　　　https://www.shoeisha.co.jp/book/qa/

インターネットをご利用でない場合は、FAXまたは郵便にて、下記"翔泳社 愛読者サー
ビスセンター"までお問い合わせください。
電話でのご質問は、お受けしておりません。

■ 回答について

回答は、ご質問いただいた手段によってご返事申し上げます。ご質問の内容によっては、
回答に数日ないしはそれ以上の期間を要する場合があります。

■ ご質問に際してのご注意

本書の対象を越えるもの、記述個所を特定されないもの、また読者固有の環境に起因
するご質問等にはお答えできませんので、あらかじめご了承ください。

■ 郵便物送付先およびFAX番号

送付先住所　　　　〒160-0006　東京都新宿区舟町5
FAX番号　　　　　03-5362-3818
宛先　　　　　　　（株）翔泳社 愛読者サービスセンター

[著者プロフィール]

大谷 佳子（おおや よしこ）

Eastern Illinois University, Honors Program心理学科卒業、Columbia University, Teachers College教育心理学修士課程修了。

現在、昭和大学保健医療学部講師。医療、福祉、教育の現場の援助職を対象に、コミュニケーション研修及びコーチング研修、スーパービジョン研修などを担当。

主な著書に、『対人援助の現場で使える 聴く・伝える・共感する技術 便利帖』『対人援助の現場で使える 質問する技術 便利帖』『対人援助の現場で使える 承認する・勇気づける技術 便利帖』（翔泳社）、『よくある場面から学ぶコミュニケーション技術』（中央法規出版）など。

装丁	原てるみ、尾形舞衣（mill）
カバーイラスト	江田ななえ（http://nanae.or.tv）
本文イラスト	ケイーゴ・K / PIXTA（ピクスタ）、熊アート（小林由枝）
本文DTP	BUCH⁺

対人援助の現場で使える
言葉〈以外〉で伝える技術 便利帖

2021年9月21日　初版第1刷発行
2023年2月20日　初版第2刷発行

著者	大谷 佳子
発行人	佐々木 幹夫
発行所	株式会社 翔泳社（https://www.shoeisha.co.jp）
印刷・製本	日経印刷 株式会社

本書へのお問い合わせについては、159ページに記載の内容をお読みください。

造本には細心の注意を払っておりますが、万一、乱丁（ページの順序違い）や落丁（ページの抜け）がございましたら、お取り替えいたします。03-5362-3705までご連絡ください。

ISBN978-4-7981-7147-0　　　　　　　　　　　　　　　　　Printed in Japan